As big techs e a guerra total

O complexo militar-industrial-dataficado

edição Jorge Sallum e Felipe Musetti
coedição Cristina Yamazaki
assistência editorial Paulo Henrique Pompermaier
preparação Cacilda Guerra
revisão Ricardo Liberal
projeto da capa Ronaldo Alves
imagem da capa Palestinos nos escombros de edifícios destruídos durante a ofensiva israelense, na cidade de Gaza, 6 fev. 2025. Fotografia: Dawoud Abu Alkas; Reuters; Fotoarena
ISBN 978-65-89705-39-0

Todos os sites indicados nas notas de rodapé estão com endereços encurtados e foram acessados em junho de 2025.

Dados Internacionais de Catalogação na Publicação (CIP)
Câmara Brasileira do Livro, SP, Brasil

S587b Silveira, Sérgio Amadeu da

As big techs e a guerra total: o complexo militar-industrial--dataficado / Sérgio Amadeu da Silveira. – São Paulo : Editora Hedra, 2025.
144 p. ; 12,6 cm x 19,2 cm. – (Que Horas São?)

ISBN 978-65-89705-39-0

1. Tecnologia. 2. Tecnologia digital. 3. Inteligência artificial. 4. Plataformas digitais. 5. Algoritmos. 6. Política. 7. Guerra. 8. Tecnologia bélica. 9. Lógica da guerra. I. Título. II. Série.

CDD: 600
2025-3118 CDU: 6

Elaborado por Vagner Rodolfo da Silva (CRB 8/9410)

Índices para catálogo sistemático:
1. Tecnologia (600)
2. Tecnologia (6)

EDITORA HEDRA LTDA.
R. Sete de Abril, 235, cj. 102
01043–904 São Paulo SP Brasil
Telefone/Fax +55 11 3097 8304
editora@hedra.com.br

www.hedra.com.br

As big techs e a guerra total

O complexo militar-industrial-dataficado

Sérgio Amadeu da Silveira

Flávio Rocha de Oliveira (*prefácio*)

1ª edição

hedra

São Paulo 2025

As big techs e a guerra total é uma análise de como o avanço da inteligência artificial, impulsionado pelas big techs norte-americanas, está redefinindo o complexo industrial-militar dos Estados Unidos e transformando profundamente a lógica da guerra contemporânea. Com base em uma análise crítica do papel de empresas como Google, Amazon, Microsoft e Palantir, o autor desenvolve o conceito de "complexo militar-industrial-datificado" para apreender a simbiose entre tecnologia, vigilância e poder estatal. Fundamentado em vasta pesquisa e exemplos de fatos históricos recentes, como os sistemas de IA usados por Israel na Faixa de Gaza, Amadeu denuncia a datificação como instrumento de dominação e alerta para a urgência de um debate ético e político capaz de enfrentar os riscos da fusão entre capitalismo de vigilância e militarismo digital.

Sérgio Amadeu da Silveira é sociólogo e doutor em Ciência Política pela Universidade de São Paulo (USP). É professor associado da Universidade Federal do ABC (UFABC) e pesquisador do CNPq, com especial interesse no impacto das novas tecnologias nos processos políticos. Publicou *Comunicação digital e a construção dos commons* (Fundação Perseu Abramo, 2007), *Tudo sobre tod@s: Redes digitais, privacidade e venda de dados pessoais* (Edições Sesc, 2017), *Democracia e os códigos invisíveis: como os algoritmos estão modulando comportamentos e escolhas políticas* (Edições Sesc, 2019), *A sociedade de controle: Manipulação e modulação nas redes digitais*, em coautoria com Joyce Souza e Rodolfo Avelino (Hedra, 2021), *Ativismo digital hoje: Política e cultura na era das redes*, em coautoria com Rosemary Segurado e Claudio Penteado (Hedra, 2021) e *Como derrotar o fascismo – em eleições e sempre*, em coautoria com Renato Rovai (Hedra e Veneta, 2022), entre outros livros.

Flávio Rocha de Oliveira é graduado em Ciências Sociais pela USP, além de mestre e doutor em Ciência Política pela USP. É professor do bacharelado em Relações Internacionais da UFABC. Atua em pesquisas na área de Ciência Política, com ênfase em Segurança Internacional, Estudos Estratégicos, Análise de Risco Político, Política Internacional, Teoria das Relações Internacionais e Teoria Política.

Sumário

Prefácio

FLÁVIO ROCHA DE OLIVEIRA

As relações entre o desenvolvimento tecnológico e a guerra não são novas. Se optarmos por uma restrição histórica arbitrária, podemos citar o impacto que as diferentes fases da Revolução Industrial tiveram na mecanização da guerra ou a construção maciça de artefatos nucleares durante a Guerra Fria.

A face contemporânea da relação entre a guerra e a tecnologia atende por um nome: Inteligência Artificial (IA). Seu desenvolvimento produz um impacto na maneira como economias, sociedades e governos funcionam. Os governos das grandes potências, em especial dos Estados Unidos, usam a IA como um ativo estratégico na defesa de seus interesses geopolíticos. É nos EUA que se consolida um modelo de desenvolvimento tecnológico das IAs alicerçado em grandes empresas – as chamadas big techs –, com um fluxo maciço de capitais públicos e privados e o estímulo político do governo federal estadunidense.

É nesse contexto que o cientista político Sérgio Amadeu escreveu o presente ensaio. A partir de suas pesquisas envolvendo o ciberespaço, o colonialismo digital e o avanço dos meios digitais em todas as esferas sociais, políticas e econômicas, Amadeu constrói uma obra centrada na compreensão das relações entre as tecnologias que envolvem a Inteligência Artificial e a guerra no mundo contemporâneo. De maneira elegante e concisa, o professor da Universidade Federal do ABC rastreia o desenvolvimento das tecnologias cibernéticas, sobretudo nos Estados Unidos, e nos mostra o fortalecimento das corporações protagonistas desse processo: Google, Amazon, Microsoft, Oracle e Palantir.

O argumento principal de Sérgio Amadeu é que o avanço das tecnologias de Inteligência Artificial está redefinindo o complexo industrial-militar dos Estados Unidos e a própria atividade da guerra. A partir de um desenvolvimento fortemente centrado na *dataficação das relações econômicas e sociais*, as big techs norte-americanas passaram a fornecer seu modelo de Inteligência Artificial para o governo. Em termos geopolíticos, as Forças Armadas desse país aproveitaram as ofertas das corporações na forma das chamadas "nuvens", assim como a infraestrutura de software e hardware montada em torno dos datacenters, para automatizar processos de tomada de decisão e de uso de armamentos no campo de batalha.

Neste livro, Amadeu também explica o que entende por Inteligência Artificial, indo além da propaganda corporativa que vende essa tecnologia como uma forma de inteligência consciente: para o autor, a IA "realmente existente" é o conjunto "dos sistemas automatizados que utilizam algoritmos estatísticos e probabilísticos para classificar e extrair padrões de bases de dados gigantescas, empregando um elevado poder computacional".

Ao longo do livro, o autor discute como foi se dando o uso da Inteligência Artificial por parte das Forças Armadas dos Estados Unidos. A militarização do uso da IA ocorre, em ritmo acelerado, no desenvolvimento de sistemas autônomos com aplicação na logística, na espionagem, na seleção de alvos e nas operações psicológicas de propaganda durante uma guerra ou em uma operação militar de menor envergadura. Ao observar o papel central das big techs norte-americanas, Amadeu cunhou o termo "complexo militar-industrial-dataficado": as mesmas empresas que desenvolvem essas tecnologias com o objetivo de rastrear e prever os gostos de cidadãos tornados consumidores, produzindo *dados que retratam o comportamento dos seres humanos*, agora transferem esse conhecimento para que o aparato securitário estadunidense (especialmente os militares, mas também os integrantes dos serviços de inteligência) possa defender os interesses geopolíticos do país.

Isso gera uma intensificação do lobby das grandes corporações de tecnologia sobre o governo norte-americano. Os grupos econômicos do setor tecnológico agem de maneira coordenada com o objetivo de influenciar políticos eleitos e militares para conseguir contratos dos mais gordos e lucrativos. Sérgio Amadeu, ao descrever esse processo com base em fontes primárias e secundárias, e também em pesquisas de filósofos e cientistas sociais que se debruçam sobre o tema, dá um passo além e mostra uma diferença entre o "antigo" complexo industrial-militar e o atual complexo militar-industrial-dataficado: ao fornecer as infraestruturas e tecnologias, as big techs se tornam parte do sistema de tomada de decisão das Forças Armadas dos Estados Unidos.

Sérgio Amadeu mostra, empiricamente, que as big techs influenciam de maneira tática os acontecimentos no campo de batalha. Um caso que ele nos apresenta é o que envolve o Estado de Israel na atual fase de guerra contra os palestinos na Faixa de Gaza [início de 2025]. Ele cita o Projeto Lavender, um sistema de IA desenvolvido pelos israelenses com o objetivo de identificar alvos militares, sobretudo em Gaza, e o Projeto Nimbus, que consistiu no fornecimento de serviços de nuvem para os militares israelenses. O Google, a Amazon e a Microsoft Azure conseguiram os contratos de fornecimento das infraestruturas e serviços de IA para Israel implementar esses projetos. O resultado, como bem aponta Amadeu, pode ser visto no massacre contínuo da população civil palestina. Alvos militares são identificados em meio a civis palestinos, e as ordens de ataque seguem a lógica de eliminar um inimigo desumanizado, ao lado de pessoas que não são combatentes.

Amadeu também captura a contradição entre o discurso das big techs, que apresenta a IA como uma ferramenta para o progresso da humanidade, e a decisão explícita por parte delas de fornecer sistemas para a guerra e para a vigilância. Inaugura-se uma simbiose entre as empresas norte-americanas e o governo dos EUA. Com atuação tanto na esfera militar como no âmbito da economia civil, as grandes corporações de tecnologia extraem quantidades monstruosas de dados de sociedades, indivíduos, Estados e empresas, tanto em época de guerra como em época de paz, em quase todo o mundo. Isso confere às elites estadunidenses o acesso *global* a informações que podem ser usadas, no momento oportuno, como fonte de poder *contra inimigos e, também, contra aliados.*

Sérgio Amadeu aponta a urgência de um amplo debate ético envolvendo o uso da Inteligência Artificial e sua aplicação na atividade da guerra. Com a evolução e a fusão entre o complexo militar-industrial-dataficado e o capitalismo ancorado na vigilância de sociedades e indivíduos, tornam-se imperativas a reflexão crítica e uma atuação política que enfrente e controle o poder das big techs. Os interesses em manter os enormes ganhos econômicos das corporações se fundiram perigosamente com os interesses do Estado norte-americano em manter a hegemonia global.

Este ensaio de Sérgio Amadeu ajuda leitoras e leitores a construir as bases para um debate que é, ao mesmo tempo, *ético* e *político*. O autor abre caminho para a compreensão do papel geopolítico das big techs na atual fase de desenvolvimento do sistema político e econômico capitalista. Com o debate, se fortalece a capacidade de resistência e abre-se a perspectiva de neutralizar o poderio de corporações tecnológicas e de governos imperialistas.

Introdução

Este é um ensaio sobre a mudança na gestão e na infraestrutura da guerra contemporânea. Cheguei a esse tema porque investigo a economia de dados e suas principais organizações, as big techs. Puxando os fios dos contratos dessas empresas de tecnologia e suas relações com os Estados, encontramos os contratos militares. Imediatamente lembrei que o analista de sistemas Edward Snowden já havia denunciado parte dessas relações, em junho de 2013. Em seguida, encontrei uma série de matérias jornalísticas que descortinaram o cenário da resistência dos trabalhadores, em geral cientistas, engenheiros e programadores contratados pelas grandes empresas de tecnologia do vale do Silício, as poderosas big techs. Eles foram a primeira linha de crítica e combate ao uso das tecnologias digitais e seus sistemas algorítmicos para fins militares e para o extermínio de populações.

Há algum tempo defendo a tese de que os dados são ativos de alto valor agregado, além de insumo fundamental da economia informacional. Meu olhar, muito influenciado pela perspectiva deleuziana, foi avançando e exigiu ajustes nas minhas lentes. Percebi que o pensamento marxista é indispensável para compreender esses fenômenos. O digital não eliminou a luta de classes; em vez disso, os sistemas digitais dataficados, impulsionados pela voracidade do sistema capitalista em sua crise de acumulação, a reconfigurou em novas bases. Além disso, os dados se converteram em um tipo específico de capital. Em contato com algoritmos e com a força de trabalho, os dados, assim como as máquinas, permitem criar novos produtos e serviços.

A abundância de dados permitiu que empresas como o Google criassem um modelo de negócios. Esse modelo é baseado na construção de perfis de cada indivíduo que acessa as plataformas. Logo, diversas empresas passaram a criar dispositivos para converter comportamentos e atividades em dados. Um ecossistema de extração, tratamento e análise de dados foi se consolidando no coração do sistema capitalista. Expressões como "big data" inundaram os noticiários junto com novos produtos, como os provedores de nuvem. Já na segunda década do século XXI, emerge a expressão Inteligência Artificial (IA), quase como sistemas mágicos. Na realidade, a IA realmente existente é baseada em dados tratados pela estatística e pela probabilidade em infraestruturas computacionais de alto processamento.

Expor a primazia dos dados não implica afirmar que as estruturas físicas são pouco importantes. Sabemos que o armazenamento generalizado e constante de dados exige armazéns imensos, conhecidos como data centers. Centenas desses prédios colossais reúnem mais de 100 mil servidores. Para processar os dados e responder às consultas realizadas 24 horas por dia, os armazéns de dados já consomem a quantidade de energia similar à de um país como o Japão. Também precisam de muita água para dissipar o calor gerado por tamanho processamento. Recentemente, as big techs, como Amazon e Microsoft, anunciaram projetos de uso de energia nuclear, "reatores modulares", para fornecer eletricidade a seus inúmeros data centers.

A necessidade de infraestruturas gigantescas e de um poder computacional crescente levou ao domínio da própria ciência computacional pelas big techs. Segundo o relatório *AI Index*, desde 2014 os modelos mais significativos do aprendizado de máquina estão sendo desenvolvidos pela indústria, e não mais nas universidades.[1] Isso mostra que a definição das tendências e dos avanços da própria ciência está concentrada nos oligopólios digitais. As Forças Armadas dos Estados Unidos, em ligação estreita com as universidades, que estiveram na liderança do desenvolvimento tecnológico no século XX, foram desbancadas pelas big techs.[2] É importante lembrar que a internet surgiu de um projeto militar norte-americano e teve origem na Advanced Research Projects Agency Network (Arpanet), nos anos 1960, no contexto da Guerra Fria.

No primeiro capítulo do livro, exploro o fenômeno da "datificação" e da "plataformização" da economia; nele, aponto que as big techs acumulam e monetizam dados em escala global, dominando setores como entretenimento, agricultura, logística e até serviços públicos. Além disso, mostro como a estruturação da guerra no futuro imediato conta com as big techs, que detêm dados abundantes das populações e infraestruturas de armazenamento e processamento de dados muito superiores aos que estão em poder dos governos da maioria dos países.

Apresento o modelo de negócios da computação em nuvem no segundo capítulo, destacando sua rápida expansão e concentração nas mãos de grandes empresas de tecnologia, como Amazon, Microsoft e Google. Destaco o caso do Projeto Nimbus, em que Google e Amazon venceram uma

1. Nestor Maslej et al., *The AI Index 2024 Annual Report*. Stanford: AI Index Steering Committee; Institute for Human-Centered AI; Stanford University, 2024.
2. Lucas Maaser e Stephanie Verlaan, "Big Tech Goes to War". *Studien*, v. 5, 2022. Disponível em: hedra.com.br/r/Eey.

licitação bilionária em Israel para implantar infraestrutura de nuvem, com implicações militares e de vigilância sobre palestinos, gerando controvérsias éticas e protestos de funcionários. Além disso, o texto explora como a nuvem, apesar de ser apresentada como um serviço desterritorializado, está profundamente ligada a questões geopolíticas, concentração de poder e dependência tecnológica, com provedores atuando como *gatekeepers*, ou guardas, de dados e influenciando políticas globais. Ressalto que os provedores de nuvem são atores-chave na geopolítica contemporânea, moldando segurança, economia e até conflitos.

A crescente aplicação da IA em contextos militares e sua transformação em uma "megamáquina" controlada por grandes corporações é discutida no terceiro capítulo. O texto explora as técnicas de aprendizado de máquina – supervisionado, não supervisionado e por reforço – e como elas são utilizadas para extrair padrões de grandes volumes de dados. A IA é descrita como dependente de infraestruturas complexas e caras, dominadas por oligopólios tecnológicos, o que a torna distante do controle democrático, além de acessível a poucos atores poderosos. Além disso, com a "datafição" da realidade, o conhecimento é reduzido a dados quantificáveis e processados por algoritmos, resultando em um "colonialismo epistêmico" que concentra poder nas mãos das big techs. A vetorialização e a compressão de informações são apresentadas como métodos que transformam a linguagem e o conhecimento em representações matemáticas, distanciando-se da experiência humana e da compreensão contextual.

No quarto capítulo abordo as transformações éticas e operacionais na guerra com a incorporação de inteligência artificial e aprendizado de máquina, destacando a mudança da "ética do guerreiro" para a "ética do caçador". Exploro o uso de sistemas como o Lavender e The Gospel pelas forças israelenses, que adotam IA para identificar e classificar alvos em conflitos, como na Faixa de Gaza, com base em dados de redes sociais, comunicações e outras fontes. Essas tecnologias, embora prometam precisão, levantam questões éticas sobre viés algorítmico, desumanização do inimigo e redução da responsabilidade humana em decisões letais. O capítulo critica a ideia de utilização do aprendizado de máquina para traçar perfis de alvos que devem ser abatidos mesmo fora das áreas de combate. A ascensão da gestão algorítmica da guerra vai erodindo os limites éticos, o que exige regulamentação global diante de tecnologias que podem perpetuar ciclos de extermínio.

A evolução do complexo militar-industrial é descrita de forma breve no quinto capítulo. A partir do século XXI, com o avanço das tecnologias digitais, o complexo militar-industrial se transformou em "complexo militar-industrial-dataficado", no qual empresas de tecnologia (big techs) passaram a desempenhar papel central, fornecendo infraestrutura de dados, inteligência artificial e sistemas de nuvem para operações militares. Projetos como o Joint Warfighting Cloud Capability (JWCC) ilustram essa integração, colocando empresas como Amazon, Microsoft, Google e Oracle no centro da gestão da guerra moderna. O exemplo da guerra em Gaza ilustra como sistemas de IA e big data são empregados para identificar e eliminar alvos, com a participação direta de empresas como Palantir e Microsoft. Concluo o texto destacando o papel neocolonial das big techs, que, ao controlarem infraestruturas digitais e dados globais, reforçam a hegemonia dos Estados Unidos e seus interesses geopolíticos, transformando a guerra em um empreendimento cada vez mais tecnológico e menos transparente.

Este breve ensaio mostra que as big techs adentraram o quartel-general dos Estados Unidos e foram levadas à sala de comando. Nenhum Estado nacional possui tantos dados das populações do planeta como as big techs norte-americanas. Quando dados utilizados para criar perfis destinados ao marketing também servem para fixar alvos militares ou disseminar desinformação em escala massiva com objetivos de dominação, precisamos discutir se isso é aceitável. Para alertar e convidar as pessoas a pensar se não é hora de impedirmos esse poder descomunal de vigilância e controle que está sendo construído.

SOBRE O CONCEITO DE «GUERRA TOTAL»

"Guerra total" é uma expressão lançada pelo general alemão Erich Ludendorff, integrante do Estado-Maior do exército imperial alemão na Primeira Guerra Mundial, no livro *Der totale Krieg*, publicado em 1932. Ludendorff afirmou que na guerra total desaparece a distinção entre frente de batalha e retaguarda, propondo a mobilização completa de todos os recursos da sociedade. Carl von Clausewitz, no livro *Da guerra*, utilizou a expressão *absoluter Krieg* (guerra absoluta) de modo distinto. A guerra absoluta é a elevação do conflito ao ponto máximo de intensidade, com o emprego de toda a força disponível até que um dos lados seja aniquilado. Enquanto Clausewitz considerava a guerra uma continuação da política por outros meios, Ludendorff afirmava não existir separação alguma entre política e guerra. Ludendorff propugnava que a política deve estar subordinada à guerra.

As big techs e a guerra total

CAPÍTULO 1

As plataformas são máquinas de guerra?

Para muitas pessoas, o que escrevo aqui pode parecer ficção, mas não é. Para quebrar essa sensação que envolve os viventes em 2025, buscarei trazer fatos que podem ser facilmente confirmados por documentos oficiais de governos ou por informações publicadas pela imprensa reconhecida, amplamente por não ser desinformativa. Em 2017, os Estados Unidos criaram uma equipe multifuncional de guerra algorítmica. O coronel Drew Cukor, do Corpo de Fuzileiros Navais, foi destacado para chefiá-la. Ele e sua equipe eram subordinados à Diretoria de Operações de Inteligência, Vigilância e Reconhecimento, ligada ao subsecretário de Defesa dos Estados Unidos. Durante um evento concorrido chamado Annual Defense One Tech Summit, o coronel Cukor apresentou a ideia do que veio a ser conhecido como Projeto Maven.[1]

O coronel explicou que drones sobrevoam regiões de interesse dos Estados Unidos. Muitas dessas áreas vivem conflitos em que operam as Forças Armadas norte-americanas. Imagens e vídeos de cidades, lugarejos, vilas, quintais e estradas são capturados, em geral com resolução variada de imagens

1. Cheryl Pellerin, "Project Maven to Deploy Computer Algorithms to War Zone by Year's End". *DOD News*, 21 jul. 2017. Disponível em: hedra.com.br/r/Aod.

e vídeos. Muitas pessoas, rostos e veículos são fotografados. O drone se porta como o velho panóptico, só que em movimento. Sua velocidade não o impede de captar detalhes de tudo que o está abaixo de seu campo de visão. O problema dos vigilantes norte-americanos era conseguir olhar e analisar tudo o que captavam. Como interpretar essa imensa quantidade de vídeos e fotos?

Nesse contexto, surge o Projeto Maven. Seu objetivo principal era utilizar a inteligência artificial, especificamente o aprendizado de máquina, para tratar esse volume de imagens e vídeos coletados sobretudo por drones militares. Identificar objetos e reconhecer pessoas, detectar e selecionar alvos de modo automatizado traria economia de tempo e recursos e aumentaria a capacidade de ação das Forças Armadas. Com essa missão, o Projeto Maven iniciou formalmente em abril de 2017.

O grande incentivador do projeto foi Robert Orton Work, secretário-adjunto de Defesa dos Estados Unidos para as administrações Obama e Trump, de 2014 a 2017. Work criou o Algorithmic Warfare Cross-Functional Team, algo como "Equipe Multifuncional de Guerra Algorítmica". Para o grande volume de dados, Work queria uma solução que pudesse ampliar a capacidade militar do país. Ele afirmou: "Como vários estudos deixaram claro, o Departamento de Defesa deve integrar inteligência artificial e aprendizado de máquina de forma mais eficaz em todas as operações para ter vantagem sobre adversários e concorrentes cada vez mais capazes".[2]

O Google e outras empresas de tecnologia foram convocados a integrar o Projeto Maven. Os recursos do empreendi-

2. *Ibid.*

mento seriam de cerca de 50 milhões de dólares.[3] Utilizando ferramentas de código aberto e sua grande habilidade em lidar com grandes volumes de dados, o Google colaborou com o aparato militar desde o início do projeto. No entanto, muitos desenvolvedores, cientistas e engenheiros do Google começaram a se incomodar com o uso do aprendizado de máquina para construir uma sistema que serve à guerra e a assassinatos seletivos.

A "Open Letter in Support of Google Employees and Tech Workers" [Carta aberta em apoio aos funcionários do Google e aos trabalhadores da área de tecnologia],[4] subscrita por centenas de pesquisadores e cientistas, trazia uma passagem que descortina quão assustador pode ser o emprego de aprendizado de máquina na guerra:

> De acordo com o Defense One, as Forças de Operações Especiais Conjuntas "no Oriente Médio" conduziram testes iniciais usando filmagens de vídeo de um pequeno drone de vigilância ScanEagle. O projeto está programado para "se expandir para drones Predator e Reaper, maiores e de média altitude, até o próximo verão" e, eventualmente, para Gorgon Stare, "uma série sofisticada e de alta tecnologia de câmeras [...] que podem visualizar cidades inteiras". Com o Projeto Maven, o Google se envolve na prática questionável de assassinatos seletivos. Isso inclui os chamados ataques de assinatura e ataques de padrão de vida que visam a pessoas com base não em atividades conhecidas, mas em probabilidades extraídas de filmagens de vigilância de longo alcance.[5]

3. Katrina Manson, "AI Warfare Is Already Here". *Bloomberg*, 28 fev. 2024. Disponível em: hedra.com.br/r/AgK.
4. "Open Letter in Support of Google Employees and Tech Workers". *Icrac*, [s.d.]. Disponível em: hedra.com.br/r/TlM.
5. *Ibid.*

Um *signature strikes*, ou ataque de assinatura, é a escolha de um alvo a ser eliminado a partir de um padrão de comportamento suspeito. Não se trata de atingir uma pessoa específica, mas de uma pessoa que se porta como se fosse terrorista. As Forças Armadas utilizam algoritmos e inteligência para detectar padrões de comportamento considerados típicos de militantes ou combatentes. Isso é feito com base em imagens enviadas por drones. Um dos objetivos do Maven era detectar nas imagens os padrões de comportamento considerados típicos de militantes ou combatentes inimigos. A estatística e a probabilidade substituem a certeza. Essa prática equivale a um juiz condenar alguém à pena de morte não mediante provas de um crime, mas considerando que o réu tem um padrão de comportamento semelhante ao de criminosos que cometeram crimes similares.

Os chamados *pattern-of-life strikes*, ou ataques de padrão de vida, são ataques baseados na observação e análise de longo prazo da rotina de um alvo potencial. Drones e câmeras de vigilância servem a esse propósito. A inteligência militar passa a mapear os hábitos diários e os deslocamentos de um indivíduo ou grupo para definir seu envolvimento com inimigos e para determinar o momento ideal de um ataque. Essa estratégia também apresenta riscos significativos, pois pode se basear em inferências erradas ou dados incompletos, resultando na morte de civis ou de pessoas que não eram realmente ameaças.

Ambos os ataques são probabilísticos e utilizam a chamada IA realmente existente, ou seja, o aprendizado de máquina,[6] para extrair informações das imagens e também para orientar ou dirigir o ataque dos drones. Sem informações con-

6. Sobre a IA realmente existente, ver o capítulo 3, p. 63.

cretas e sem a identidade dos alvos, a ideia é reduzir os erros e vieses típicos desses sistemas para matar com precisão. Enquanto isso não ocorre, civis inocentes são eliminados por causa de seu padrão comportamental. O Google e outras big techs colaboram com essas práticas. O coronel Drew Cukor, em junho de 2017, não escondia seu entusiasmo ao afirmar: "Esperamos que um analista consiga fazer o dobro do trabalho, potencialmente três vezes mais, do que eles estão fazendo agora. Esse é o nosso objetivo".[7]

A resistência não tardou a emergir no próprio Google.[8] Aproximadamente 3 100 funcionários da empresa assinaram um manifesto reivindicando que ela abandonasse seu envolvimento no Projeto Maven.[9] O caso ganhou repercussão e trouxe à baila o debate sobre o uso de IA para finalidades militares e sobre a relação entre big techs e os negócios da guerra. O Google alegou que "sua IA não está sendo usada para matar".[10] Óbvio, os sistemas de IA do Projeto Maven não eram voltados para dirigir robôs autonomamente, mas para selecionar e classificar alvos. Quem mata são os drones a partir dos alvos selecionados e apenas quando necessário. Mas os embates e a conjuntura política mundial levaram a direção do Google a abandonar o Projeto Maven.[11] A pressão exercida pelos trabalhadores foi bem-sucedida. Em maio

7. Cheryl Pellerin, "Project Maven to Deploy Computer Algorithms to War Zone by Year's End", *op. cit.*
8. Scott Shane e Daisuke Wakabayashi, "'The Business of War': Google Employees Protest Work for the Pentagon". *The New York Times*, 4 abr. 2018. Disponível em: hedra.com.br/r/a3W.
9. Kate Conger, "Google Employees Resign in Protest against Pentagon Contract". Gizmodo, 14 maio 2018. Disponível em: hedra.com.br/r/v74.
10. *Ibid.*
11. *Id.*, "Google Plans Not to Renew Its Contract for Project Maven, a Controversial Pentagon Drone AI Imaging Program". *Gizmodo*, 1 jun. 2018. Disponível em: hedra.com.br/r/51i.

de 2018, a então CEO do Google Cloud, Diane Greene, anunciou que o Google não continuaria no Projeto Maven após o encerramento do contrato em 2019.[12]

Entretanto, o Projeto Maven prosseguiu. O Departamento de Defesa dos Estados Unidos parecia estar convencido de que uma aliança bem maior e mais estruturada deveria ser realizada com as big techs. Segundo a imprensa especializada em tecnologia, a adesão do Google ao Projeto Maven visava abrir portas para grandes negócios com as agências militares e de inteligência. Alguns e-mails obtidos pelo site Gizmodo confirmam que "o Google e seus parceiros trabalharam extensivamente para desenvolver algoritmos de aprendizado de máquina para o Pentágono, com o objetivo de criar um sistema sofisticado que pudesse vigiar cidades inteiras".[13]

Agora, acredito ser importante apresentar a hipótese deste breve livro. O complexo industrial-militar é integrado pelas big techs e se tornou um complexo-militar-dataficado. As big techs fornecem as tecnologias e infraestruturas para que a guerra nos territórios seja não só previamente planejada, mas para que a infinidade de dados que elas extraíram e coletaram sejam utilizados em operações táticas, isto é, em combates e em verdadeiras caçadas virtuais. Por isso, a IA realmente existente, sobretudo o aprendizado de máquina e o aprendizado profundo, está a serviço da guerra. Mas como isso ocorre? O coronel Cukor nos dá a pista: "Pessoas e computadores trabalharão simbioticamente para aumentar a capacidade dos sistemas de armas de detectar objetos".[14]

12. *Ibid.*
13. *Ibid.*
14. Cheryl Pellerin, "Project Maven to Deploy Computer Algorithms to War Zone by Year's End", *op. cit.*

Além disso, a estruturação da guerra no futuro imediato conta com as big techs, que possuem dados abundantes das populações e infraestruturas de armazenamento e processamento de dados muito superiores às que estão em poder dos governos da maioria dos países. A vitória dos funcionários do Google contra sua participação no Projeto Maven é uma página importante da luta pela paz, contra o imperialismo e pelo uso ético da IA, mas parece estar distante dos arranjos realizados por Donald Trump no seu segundo mandato, iniciado em janeiro de 2025. Para demonstrar sua força, Trump coloca na linha de frente de sua posse os poderosos CEOs das big techs. Mas ainda é possível entrar no site da Co-Worker e ver a petição da Coalizão de Trabalhadores de Tecnologia com o seguinte título: "*To* [Para]: *Google, Amazon, Microsoft,* IBM. *Tech should not be in the business of war* [A tecnologia não deve estar no negócio da guerra]".

"O Google está fornecendo tecnologia que alimenta o primeiro genocídio impulsionado pela IA",[15] afirmou Zanoon Nissar, então gerente de programas da empresa carro-chefe do Grupo Alphabet, em um depoimento para o site No Tech for Apartheid. Todavia, a crítica de desenvolvedores de software e cientistas da computação ao envolvimento militar de suas empresas, as big techs, vem de bem antes do confronto de 2023 no Oriente Médio. Sem dúvida, a mobilização contra o apoio a ações militares se intensificou com o avanço do extermínio da população palestina a partir de 2023.

Alec Story, engenheiro de software, trouxe uma lembrança inconveniente ao afirmar: "Quando entrei no Google, seu lema era 'Não seja mau'. Essa foi uma parte crítica das minhas condições de trabalho: não escrevo software para

15. No Tech for Apartheid. Disponível em: hedra.com.br/r/RPH.

prejudicar pessoas".[16] Dezenas de outros testemunhos fizeram parte de uma campanha dos funcionários do Google e da Amazon para romper o contrato bilionário com as Forças de Defesa de Israel. Para evitar retaliações, muitos depoentes alteraram ou omitiram seus nomes. Mesmo assim, isso não impediu que o Google demitisse cinquenta técnicos, entre eles Emaan Haseem, engenheira de software e criadora do No Tech for Apartheid.[17]

Parte dos engenheiros e técnicos demitidos, entre os quais a jovem Haseem, havia sido promovida pouco tempo antes de ser afastada. As promoções se deram pela inegável competência dessas pessoas. Já as demissões foram abertamente políticas ou tecnopolíticas. As provas desse fato não são difíceis de obter. Um memorando lançado logo após as dispensas, assinado por Sundar Pichai, o principal executivo do Grupo Alphabet, controlador do Google, dava uma demonstração inequívoca das razões delas: "Isto é um negócio, e não um lugar para agir de modo que perturbe os colegas".[18] Pichai ainda conclamou os funcionários do Google, os Googlers, a não "debater política" no local de trabalho. O recado é inconfundível, a política é uma exclusividade da direção da empresa. Além disso, a posição política do grupo Alphabet estava gerando muito dinheiro para os seus acionistas.

Qual foi o motivo da revolta de parte dos funcionários do Google e da Amazon diante de seus contratos com o Estado de Israel? Foi o chamado Projeto Nimbus, um contrato

16. *Ibid.*
17. Michael Sainato, "Workers Accuse Google of 'Tantrum' after 50 Fired over Israel Contract Protest". *The Guardian*, 27 abr. 2024. Disponível em: hedra.com.br/r/lUl.
18. Catherine Thorbecke, "Google Has Fired 50 Employees after Protests over Israel Cloud Deal, Organizers Say". CNN Business, 23 abr. 2024. Disponível em: hedra.com.br/r/wQE.

de 1,2 bilhão de dólares para fornecimento de serviços em nuvem para os militares e para o governo israelense. Os protestos começaram meses antes da invasão da Faixa de Gaza em 2023. No dia 12 de outubro de 2021, o jornal britânico *The Guardian* publicou um artigo intitulado "We Are Google and Amazon Workers. We Condemn Project Nimbus" [Somos funcionários do Google e da Amazon. Condenamos o Projeto Nimbus].[19] O artigo de opinião não continha assinaturas, o que significa que a direção do jornal confirmou a alegação de seus autores, mais de noventa funcionários do Google e cerca de trezentos da Amazon, que assinaram internamente uma carta para a direção das duas empresas, reivindicando o abandono desse projeto.

Uma das passagens do texto denunciava o perigoso caminho adotado pelas big techs:

> Vimos o Google e a Amazon buscarem agressivamente contratos com instituições como o Departamento de Defesa, Imigração e Fiscalização Aduaneira (Ice) dos Estados Unidos e departamentos de polícia estaduais e locais. Esses contratos fazem parte de um padrão perturbador de militarização, falta de transparência e negação de supervisão.[20]

Em 2021, antes da Guerra da Ucrânia e da destruição de Gaza, talvez as denúncias dos engenheiros, desenvolvedores, designers de UX, administradores de sistemas, cientistas de dados, entre outras categorias de trabalhadores, pudessem parecer exageradas. Infelizmente, não eram. As big techs já dominam fatias gigantescas do mercado de entretenimento

19. Anonymous Google and Amazon Workers, "We Are Google and Amazon Workers. We Condemn Project Nimbus". *The Guardian*, 12 out. 2021. Disponível em: hedra.com.br/r/Wos.
20. *Ibid.*

e agora expandem sua atuação no setor militar. Afinal, como escreveu Sundar Pichai, "Isto é um negócio".[21]

O cientista político Langdon Winner, em um livro primoroso,[22] escreveu um capítulo intitulado: "Artefatos têm política?". Ele nos mostra que, em diversas situações, as tecnologias se tornam claramente instrumentos do poder e que, em muitos casos, elas são criadas com objetivos políticos. Poder político e poder econômico são parceiros do poder tecnológico. Assim como é quase impossível um gestor público pensar na organização de um sistema tributário sem computadores, bancos de dados e redes digitais conectando as partes desse complexo sistema, as ações militares vão avançando cada vez mais da digitalização para a datafícação. A guerra vai se tornar uma causa completamente perdida para as forças que não possuem um elevado poder computacional.

Para compreender como chegamos a essa situação, vamos retroceder um pouco e começar pela raiz, a chamada datafícação, constituinte do cenário que estamos vivendo hoje, fortemente influenciada pelas big techs. A datafícação é um fenômeno que implica a criação de dispositivos para a conversão do máximo de atividades humanas, naturais e maquínicas em dados. Tudo precisa ser expresso em dados. No início dos anos 1990, ainda era impensável medir ou saber quantos amigos uma pessoa tem. Mesmo para o empresário de um popstar, era muito difícil saber a quantidade de fãs de um artista. Media-se o número de discos ou CDs vendidos, os ingressos comprados nas temporadas de shows. As métricas, enfim, eram limitadas. Agora, não. As plataformas digitais

21. Catherine Thorbecke, "Google Has Fired 50 Employees after Protests over Israel Cloud Deal, Organizers Say", *op. cit.*

22. Langdon Winner, *The Whale and the Reactor: A Search for Limits in an Age of High Technology*. Chicago: University of Chicago Press, 1986.

sabem tudo sobre os "influencers". Podemos acompanhar seu sucesso pelos likes nas fotos, pelo número de seguidores nas redes sociais on-line ou ainda pela quantidade de visualizações nos vídeos postados no YouTube ou no Instagram. Medimos seu sucesso ou sua decadência diuturnamente.

As plataformas criaram botões e dispositivos de clicar para capturar aquilo que afeta as pessoas. Na mais inconfundível aplicação da psicologia comportamental, como bem nos alertou a filósofa Shoshana Zuboff,[23] as plataformas digitais vão coletando dados de maneira ininterrupta. Até as métricas se tornaram parte do entretenimento. Seguir, compartilhar, gostar, desgostar, desamigar – clicar se converteu em um modo de vida. Assim, as plataformas vão modulando as subjetividades não só das pessoas que pretendem se tornar influenciadoras como também das que vivem o espetáculo digital e passam horas nessas interfaces.

As plataformas digitais, em geral empresas subordinadas às big techs, são empresas de dados. O pensador Nick Srnicek[24] chegou a nomear o sistema econômico contemporâneo de "capitalismo de plataforma" e a pesquisadora José Van Dijck[25] afirmou que vivíamos uma sociedade de plataforma. As plataformas são infraestruturas digitais que reúnem a oferta e a demanda de uma atividade ou segmento do mercado. O Uber é um exemplo bem nítido da plataformização. Na realidade, o Uber não precisava ter nenhum veículo. Ele reúne, no lado da oferta, proprietários de veículos que precisam trabalhar no transporte individual urbano e, no lado

23. Shoshana Zuboff, *The Age of Surveillance Capitalism: The Fight for a Human Future at the New Frontier of Power*. Nova York: Public Affairs, 2019.
24. Nick Srnicek, *Platform Capitalism*. Nova York: John Wiley & Sons, 2017.
25. José van Dijck, Thomas Poell e Martijn de Waal, *The Platform Society: Public Values in a Connective World*. Nova York: Oxford University Press, 2018.

da demanda, pessoas que precisam se locomover e podem pagar por isso. Unindo oferta e demanda pelo serviço de transporte individual urbano, o Uber é uma empresa que vai acumulando dados dos agentes envolvidos nesse segmento do mercado. Com o tempo, passa a reunir dados suficientes para mediar o próprio fluxo do mercado e interferir nele.

O mecanismo de busca do Google foi uma das primeiras plataformas digitais. A empresa, fundada em 1998 por Larry Page e Sergey Brin, reunia oferta e demanda de informações disponíveis na internet. Muitos sites eram criados todos os dias, muitos conteúdos eram postados a cada minuto. Essa oferta abundante e crescente não teria como ser facilmente encontrada. Antes do advento da internet, as pessoas recorriam a listas telefônicas ou a catálogos de produtos e de empresas, mas isso não era mais possível. A oferta cada vez maior de informações passou a ser tão intensa que foi muito bem caracterizada pela expressão "dilúvio informacional". Assim, o mecanismo de busca rastreava essa crescente produção de conteúdos e a indexava em seus computadores. Já as pessoas precisavam encontrar, naquele vasto oceano informacional, suas demandas informacionais, que iam de nomes de organizações a expressões, palavras, sites e conteúdos diversos. O buscador reunia em sua estrutura digital dados de oferta e demanda das informações na internet. Além disso, os metadados gerados em cada busca também começaram a despertar interesse do Google.

Com alguns anos de existência, o Google percebeu que podia analisar as buscas de cada usuário, bem como rastrear a navegação de todas as pessoas, com o objetivo de traçar e armazenar o perfil de consumo. Isso inclui os gostos, os temores, as vontades e as necessidades de cada pessoa. Com o tratamento desses dados, o Google se tornou o maior destino das verbas publicitárias do planeta. Trabalhando e analisando os dados dos usuários, pôde criar segmentos e microssegmentos para determinado produto ou serviço. Outras empresas seguiram o mesmo caminho, como o Facebook, que vendia o acesso a segmentos de usuários *lookalikes*, pessoas com perfis semelhantes aos que já eram consumidores de determinado produto ou serviço. Os dados comportamentais passaram a ser fundamentais para aprimorar a cada dia o perfil de cada usuário e inseri-lo em amostras vendidas a quem queria atingi-las com mensagens ou propostas de vendas.

As plataformas são principalmente empresas de dados, e estes podem ser caracterizados como capital.[26] Jathan Sadowski, especialista em economia política da tecnologia, apresenta a extração de dados como um processo contínuo e intrusivo, enraizado nas relações entre plataformas digitais e seus usuários. Assemelha-se ao capital financeiro, que é investido para ser amplificado. Sadowski afirma que "o imperativo, então, é coletar e circular dados constantemente, produzindo commodities que criam mais dados e construindo infraestrutura para gerenciar dados".[27] Tal como o lucro, os dados devem seguir um fluxo contínuo e infindável. Servem para criar novos produtos e serviços, sendo também insumos de dispositivos, como ocorre no treinamento de grandes modelos de linguagem. Os dados dependem completamente de estruturas materiais de armazenamento e acesso, todavia,

26. Jathan Sadowski, "When Data is Capital: Datafication, Accumulation, and Extraction". *Big Data & Society*, v. 6, n. 1, pp. 1–12, 2019; Marcos Dantas, "Informação, trabalho e capital". In: Marcos Dantas *et al.* (Orgs.), *O valor da informação: De como o capital se apropria do trabalho social na era do espetáculo e da internet*. São Paulo: Boitempo, 2022.
27. Jathan Sadowski, *Too Smart*, *op. cit.*, p. 4.

são imateriais e podem ser reutilizados e recombinados. Dados necessitam de algoritmos para serem criados e tratados, o que os torna um capital dependente de algoritmos e modelos.

As plataformas concentram dados e, a partir deles, praticamente controlam o entretenimento e as comunicações cotidianas. Avançam nas áreas de educação e saúde. E estão na agricultura e na área de logística. Até crianças se relacionam com amigos e familiares pelas redes sociais e aplicativos de mensagens instantâneas dessas megaempresas. Recentemente, um erro de um funcionário derrubou o WhatsApp por algumas horas. Um certo desespero abalou milhões de pessoas, que tiveram seus relacionamentos e interações afetados. Pais e mães não puderam se comunicar com filhos e parentes distantes, pequenos comerciantes e prestadores de serviços deixaram de receber pedidos, colegas de turma não conseguiram combinar os próximos passos dos trabalhos escolares, amigas não conseguiram marcar encontros, enfim, em algumas horas percebemos o quanto um aplicativo do grupo Meta efetivamente se tornara mais que um conector de interações sociais. O WhatsApp é um mediador porque formata a comunicação em um modelo que impõe uma série de compromissos interativos.

As plataformas parecem ser as melhores estruturas para lidar com uma economia dirigida por dados – e para competir nela. Elas não estão apenas na área de entretenimento e relacionamento social, mas avançaram e avançam para todos os mercados e segmentos de atividades que envolvem a oferta e a procura de bens e serviços. Uma importante organização internacional da sociedade civil chamada Grain lançou um relatório[28] demonstrando que grandes empresas de tecnologia, como Microsoft e Amazon, entraram no setor agrícola e passaram a disputá-lo, criando plataformas digitais que coletam e processam diversos dados para fornecer recomendações a agricultores e controlar o fluxo de produção.

O relatório da Grain revelou que empresas de insumos agrícolas estavam usando aplicativos para coletar dados dos agricultores e oferecer uma série de recomendações baseadas na geolocalização, em informações de satélites sobre clima, ventos e dados dos sensores que podem informar sobre a umidade do solo. Como diz a propaganda, "o agro é tech". A plataformização do campo começou e envolve soluções como o Climate FieldView, da Bayer/Monsanto, e o Xarvio, da Basf.

Os provedores de nuvem das big techs, como a Amazon Web Services e a Microsoft Azure, estão fornecendo a infraestrutura de armazenamento digital em seus armazéns de dados, os data centers, para viabilizar os aplicativos agrícolas, integrando dados de diversas fontes para melhorar suas recomendações. Assim, as plataformas entram no campo prometendo uma agricultura de precisão, reunindo em suas estruturas desde drones até sensores de monitoramento do solo. Mas elas também articulam a cadeia da demanda, fornecendo acesso a mercados para os agricultores desaguarem sua produção. Assim, a infraestrutura digital das plataformas centraliza e monopoliza as atividades no campo, prejudicando fornecedores e mercadores locais.

Há profundas ligações com o setor financeiro. A Grain alerta que os pequenos agricultores podem ser pressionados

28. "Controle digital: A entrada das Big Techs na produção de alimentos e na agricultura (e o que isso significa)". *Grain*, 29 jan. 2021. Disponível em: hedra.com.br/r/5wf.

a adotar os serviços oferecidos pelas plataformas ou aderir às suas condições para obter financiamento e seguro rural. Também é preocupante que as plataformas consigam controlar os preços e adequar as safras aos seus interesses comerciais. Embora a agricultura vertical e as fazendas de alta tecnologia possam impressionar, os efeitos econômicos e ambientais podem ser desastrosos e trazer consequências nefastas para a agricultura familiar e a agroecologia.

A datafcação e a plataformização também avançaram no segmento industrial, que está sendo transformado em plataformas de serviços. A Rolls-Royce, uma das principais fabricantes de motores para aviões a jato, percebeu que a manutenção seria tão ou mais lucrativa que a fabricação. "Os mundos do produto e do serviço se tornaram tão intimamente conectados que agora são inseparáveis. Avanços na capacidade digital aceleraram essa conexão e borraram ainda mais a fronteira entre os dois".[29] A empresa emprega centenas de sensores nos motores dos jatos para controlar o desempenho e, principalmente, as possibilidades de defeitos, falhas e a necessidade de manutenção. A Rolls-Royce chama esse processo de Gerenciamento da Saúde do Motor (Engine Health Management, EHM). Atualmente, os dados dos sensores são enviados em tempo real da aeronave para centros operacionais no solo. Graças a essa transferência de dados, registra-se e monitora-se o desempenho de cada motor, permitindo projetar o regime de manutenção ideal para cada frota e avião.[30] A Rolls-Royce vai gradativamente se tor-

29. Rolls-Royce, "Intelligent Engine Health Monitoring". 29 jan. 2019. Disponível em: hedra.com.br/r/otg.
30. *Ibid.*

nando uma empresa dirigida por dados e cada vez mais se assemelhando a uma plataforma digital.

A coleta de dados em pleno voo passou a ser uma prática comum da indústria de aviação. "Algumas aeronaves (como o Airbus A350) produzem dados para até 400 mil parâmetros, e o Boeing 737 gera 20 terabytes de dados do motor a cada hora – sem mencionar os volumes gerados pelos sensores no restante da aeronave."[31] A sede por dados exige novas capacidades para a indústria, que precisa ser capaz de lidar com seu armazenamento, processamento e análise. Para exemplificar, certas aeronaves têm em cada asa aproximadamente 10 mil sensores que servem para captar tensões, gelo e pressões e convertê-los em dados. "Sensores são encontrados na fuselagem, dentro da cabine para monitorar o comportamento dos passageiros, nos pneus – virtualmente, em todos os lugares."[32]

A datafıcação intensa reforça a tentativa ideológica de prever e dominar a contingência. O filósofo da ciência Ian Hacking relata, no livro *The Taming of Chance* [A domesticação do acaso],[33] que no século XIX o uso da probabilidade em jogos de azar foi deslocado para a ciência e para a administração pública e privada, tornando-se cada vez mais importante. Michel Foucault já havia mostrado que o disciplinamento do corpo da espécie, a emergência da biopolítica, se dava com a incorporação da estatística como fundamental para a governamentalidade liberal do século XIX. Hacking historicizou a incorporação da ideia de que a incerteza e a probabilidade

31. Tom Hedges, "Harvesting and Utilising the Vast Amounts of Data Produced by Modern Aircraft – Part 1". Oases, 17 mar. 2023. Disponível em: hedra.com.br/r/UUt.
32. *Ibid.*
33. Ian Hacking, *The Taming of Chance*. Cambridge: Cambridge University Press, 1990.

são partes inerentes da realidade. Elas devem ser conhecidas e controladas. O capitalismo as tornou lucrativas.

Tendo como ponto de partida outra base teórica, o filósofo Yuk Hui, inspirado em Martin Heidegger, percebeu que com a tecnologia cibernética "a habilidade da razão para superar a contingência criou uma transformação completa na qual o pensar não pode mais estar desatrelado dos acidentes".[34] De certo modo, isso lembra a sociologia de Ulrich Beck, que alertou, na década de 1980, que os riscos, os incidentes e os imprevistos haviam se tornado centrais nas sociedades modernas embaladas pelo progresso tecnológico.[35] A datafiicação crescente da atualidade realimenta a dinâmica do risco, torna-a mais indispensável e comercialmente atraente. Uma pesquisa realizada pela Research and Markets estimou que o processo de coleta e análise de dados dos sistemas das aeronaves, AHM, foi de 4,7 bilhões de dólares em 2022 e pode atingir 9,7 bilhões de dólares até 2030.[36] O monitoramento em tempo real dos componentes do avião é descritivo, preditivo e prescritivo. Os modelos de aprendizado de máquina, a principal técnica em uso da IA, são treinados para estimar os riscos de falhas a cada momento e fazer dessa dinâmica um mercado bilionário.

As grandes empresas de tecnologia, as big techs, e suas plataformas digitais são "solucionistas" – expressão adotada pelo pesquisador Evgeni Morozov[37] para se referir às tendências dessas megacorporações de tecnologia de apresentar so-

34. Yuk Hui, "Catástrofe algorítmica: A vingança da contingência". Trad. de Maurício Fernando Pitta e José Fernandes Weber. *Voluntas*, Santa Maria, v. 14, n. 2, e85093, pp. 1–31, 2023. Disponível em: hedra.com.br/r/Yy8.
35. Ulrich Beck *et al.*, *Sociedade de risco*. São Paulo: Editora 34, 2010.
36. Mark Robins, "Aircraft Health Monitoring". *Avionics International*, set.-out. 2023. Disponível em: hedra.com.br/r/FD1.
37. Evgeny Morozov, *To Save Everything, Click Here: The Folly of Technological Solutionism*. Nova York: PublicAffairs, 2014.

luções técnicas para absolutamente todas as situações e disseminar a crença de que todos os problemas podem ser resolvidos por ações tecnológicas. Assim, os dilemas da humanidade vão se tornando problemas técnicos. A estatística e a probabilidade empregadas para prever o desgaste de turbinas de jatos serão empregadas para analisar o comportamento de pessoas, suas intenções, expectativas, vontades. As soluções das plataformas são extremamente comprometidas com a elevação da lucratividade de seus investidores. Se os neoliberais adoram dizer que "não existe almoço grátis", é preciso enfatizar que "não existe mágica para entregar o almoço". As plataformas alteram os custos da prestação de serviços. Assim, para auferir lucros, dominar os mercados e realizar entregas a preços viáveis, essas empresas precarizam o trabalho. Definitivamente não há mágica, há destruição de direitos de quem trabalha.

> Poucos setores vão permanecer intocados pela febre das plataformas digitais. A verdade não dita, contudo, é que quase todas as plataformas atuais mais conhecidas são monopólios, impulsionados pelos efeitos em rede gerados pela operação de um serviço que se torna mais valioso à medida que aumenta o número de usuários. Este é o motivo pelo qual conseguem acumular tanto poder: a Amazon está em permanente queda de braço com as editoras – e não há outra Amazon a que as editoras possam recorrer.[38]

O sucesso e a expansão das plataformas para diversos ramos da economia não poderiam deixar de envolver o Estado. Com a pressão neoliberal para que ele entregue os serviços públicos como novos espaços para empresários lucrarem, o segmento de defesa nacional não poderia ficar de fora, principalmente por se tratar de um setor que detém muitos recursos. Morozov escreveu:

38. *Id.*, *Big Tech: A ascensão dos dados e a morte da política*. São Paulo: Ubu, 2018, p. 60.

Por que nos dar ao trabalho de ter um Estado, se o vale do Silício pode magicamente prover sozinho os serviços básicos, desde a educação até a saúde? [...] o Estado moderno não se incomodaria se as empresas tecnológicas assumissem o protagonismo, contanto que permitissem que ele se concentrasse na tarefa que mais aprecia: o combate ao terrorismo.[39]

A novidade não tão surpreendente que trago aqui é que, ao que parece, mesmo sua grande fixação pelas ações antiterror será terceirizada ou cada vez mais dividida com empresas privadas e plataformas digitais.

O gigantismo e o poder descomunal adquirido pelas plataformas levou o economista francês Cédric Durand a considerar que o capitalismo dominado pelas corporações tecnológicas pode ser visto como um novo feudalismo, em que o poder dessas empresas seria comparável ao poder das antigas estruturas do feudalismo medieval.[40] De modo similar, o economista grego Yanis Varoufakis argumentou que vivemos uma transição do capitalismo para a era do tecnofeudalismo, em que o controle de dados e de tecnologias passa a ser mais relevante que o controle dos meios de produção e se converte na principal fonte do poder econômico.[41]

Durand enfatizou que as plataformas digitais se tornaram oligopólios de alta concentração de poder de mercado, desenvolvendo a extração de dados como uma nova forma de apropriação de valor, com a coleta, processamento e monetização de dados dos usuários, gerando lucros massivos e perpetuando desigualdades. Esses empreendimentos colos-

39. *Ibid.*, p. 51.
40. Cédric Durand, *Tecnofeudalismo: Crítica de la economía digital*. Donostia: Kaxilda, 2021.
41. Yanis Varoufakis, *Technofeudalism: What Killed Capitalism*. Nova York: Melville House, 2024.

sais controlam vastos recursos e dados e, segundo o autor, estariam replicando as dinâmicas de poder e controle típicas do feudalismo medieval.

A extrema voracidade e a insaciável fome de lucros das big techs caracterizam suas plataformas como devoradoras de mercados. Para exemplificar esse fato, destaco um trecho, citado por Cédric Durand, do relatório de 2017 da Amazon para seus acionistas. A empresa faz um alerta sobre quem seriam seus concorrentes:

> Nossos negócios abrangem uma grande variedade de tipos de produtos, ofertas de serviços e canais de entrega. O mercado mundial no qual competimos está evoluindo de forma rápida e competitiva, e enfrentamos uma ampla gama de concorrentes de diversos setores industriais em todo o mundo. *Nossos concorrentes atuais e potenciais incluem:* (1) varejistas, editores, vendedores, distribuidores, fabricantes e produtores on-line, off-line e multicanais dos produtos que oferecemos e vendemos a consumidores e empresas; (2) editores, produtores e distribuidores de mídia física, digital e interativa de todos os tipos e todos os canais de distribuição; (3) mecanismos de pesquisa na web, sites de comparação de preços, redes sociais, portais da web e outros meios on-line e baseados em aplicativos para descobrir, usar ou adquirir bens e serviços, diretamente ou em colaboração com outros varejistas; (4) empresas que fornecem serviços de comércio eletrônico, incluindo desenvolvimento de sites, publicidade, atendimento, atendimento ao cliente e processamento de pagamentos; (5) empresas que prestam serviços de atendimento e logística para si ou para terceiros, seja on-line, seja off-line; (6) empresas que fornecem serviços ou produtos de tecnologia da informação, incluindo infraestrutura local ou baseada em nuvem e outros serviços; e (7) empresas que projetam, fabricam, comercializam ou vendem produtos eletrônicos de consumo, telecomunicações e dispositivos eletrônicos. Acreditamos que os principais fatores

competitivos em nossos negócios de varejo incluem seleção, preço e conveniência, incluindo atendimento rápido e confiável.[42]

Como é perceptível, o mundo é o concorrente da Amazon. Ela quer avançar e abarcar toda a economia digital. Utilizo esse mesmo exemplo para apresentar minha dúvida sobre a tese do tecnofeudalismo. O que estamos vendo é uma concentração sem precedentes de poder e capital em poucas empresas globais que atuam em composição com seus Estados. Não consigo perceber uma dispersão do poder do capital em milhares de tecnofeudos. Nem consigo ver a perda da propriedade das infraestruturas indispensáveis ao desenvolvimento dos grandes modelos de inteligência artificial generativa e outras tecnologias de aprendizado profundo. Estamos observando, sim, um poder significativo desses oligopólios que concentram capital e estão cada vez mais interligados com um número menor ainda de grandes fundos de investimento. A plataformização emana da economia de dados que engendrou uma dinâmica veloz de elevada concentração econômica.

Este livro apresenta a análise da história recente de um conjunto de tecnologias e empresas muito conhecidas. Como buscarei demonstrar, as tecnologias carregam mais do que ideologias e finalidades econômicas. Hoje em dia, as tecnologias digitais e a inteligência artificial realmente existente amparam não apenas a melhoria das nossas experiências cotidianas, mas também a formação de um cenário de guerra, trazendo riscos e disseminando dispositivos extremamente perigosos para nossas sociedades.

42. "For the Fiscal Year Ended December 31, 2017". *Amazon Annual Report*, 2017, p. 4. Citado por Cédric Durand, *Tecnofeudalismo: Crítica de la economía digital*, *op. cit.*

CAPÍTULO 2

Os negócios da nuvem

Em abril de 2021, o Ministério das Finanças de Israel anunciou que as empresas Google e Amazon tinham vencido uma licitação de 4 bilhões de shekels (aproximadamente 1,2 bilhão de dólares) para implantar centros para nuvens no território israelense. Os dois gigantes de tecnologia derrotaram as poderosas concorrentes, a aliança formada pela Oracle e pela Microsoft.

Segundo o jornal *Haaretz*, o governo israelense alegou que buscava concentrar todos os dados da administração em "uma nova nuvem local para aumentar os investimentos estrangeiros na infraestrutura do país, o que beneficiaria a indústria de tecnologia local".[1] Mas esse argumento não estava completo. Era somente uma parte das intenções do Projeto Nimbus.

Os detalhes de todas as finalidades do Projeto Nimbus até o momento não foram revelados, mas é de amplo conhecimento que ele envolvia o tratamento de dados para as forças de segurança e defesa de Israel. O projeto incluiu a implementação de soluções de inteligência artificial não só para a administração pública, mas também para o mapeamento e a vigilância dos palestinos na Faixa de Gaza. A revista *Wired*,

1. Amitai Ziv, "Israel Picks Google, Amazon for Massive Official Cloud; 'Data Will Remain Here' ". *Haaretz*, 21 abr. 2021. Disponível em: hedra.com.br/r/oCx.

ao analisar diversos documentos e declarações do governo israelense, confirmou que o Projeto Nimbus incluiu serviços e atividades para as Forças de Defesa de Israel.

Um movimento dos funcionários do Google e da Amazon chamado No Tech for Apartheid denunciou o uso de tecnologias de IA para vigiar e discriminar palestinos. Muitos desses profissionais declararam que não se sentiam bem trabalhando para atividades de observação e análise permanente de uma população civil para finalidades militares.

Ariel Koren, uma das funcionárias do Google que participaram dos protestos contrários ao Projeto Nimbus, foi forçada pela empresa a se transferir para o Brasil.[2] Ela se recusou, no entanto, e pediu demissão. Dezenas de histórias de perseguição e demissões foram registradas pela imprensa envolvendo as duas big techs que colaboram com as Forças de Defesa israelenses.

O Google negou que sua nuvem e suas ferramentas de IA tivessem usos militares, porém os documentos e declarações de autoridades israelenses não corroboram a versão da big tech. Os sistemas israelenses de identificação biométrica facial teriam sido aperfeiçoados pelas ferramentas do Google e o armazenamento escalável de rostos de palestinos permitia uma série de análises para usos militares. "Autoridades israelenses implantam o sistema em postos de controle em Gaza, escaneando o rosto de palestinos que passam e detendo qualquer um com suspeitas de vínculos com o Hamas. A tecnologia também marcou falsamente civis como militantes, disse um oficial israelense ao *Times*."[3]

2. Sam Biddle, "Google Activists Circulated Internal Petition on Israel Ties. Only the Muslim Got a Call from HR". *The Intercept*, 15 nov. 2023. Disponível em: hedra.com.br/r/vRW.

3. Nick Robins-Early, "How Israel Uses Facial-Recognition Systems in Gaza and Beyond". *The Guardian*, 19 abr. 2024. Disponível em: hedra.com.br/r/A7S.

O Projeto Nimbus visava à construção de uma infraestrutura de nuvem em Israel. "Nuvem" é um nome fantasioso para o modelo de acesso remoto a dados e sistemas hospedados em centros ou armazéns que se especializam na guarda, no processamento e na segurança de dados. Esse modelo de provimento de nuvem se tornou altamente especializado e um dos grandes mercados de tecnologia da informação. Os provedores de nuvem são empreendimentos que oferecem acesso a recursos de infraestrutura de computação, rede e armazenamento, além de vários serviços complementares, como aplicativos gerenciados, banco de dados e soluções como serviço.

> A computação em nuvem se refere tanto aos aplicativos entregues como serviços pela internet quanto ao hardware e ao software de sistemas nos data centers que fornecem esses serviços. Os serviços em si são há muito tempo chamados de Software como Serviço (Software as a Service, saas). O hardware e o software do data center são o que chamaremos de nuvem. Quando uma nuvem é disponibilizada de forma paga conforme o uso para o público em geral, nós a chamamos de nuvem pública; o serviço que está sendo vendido é computação utilitária. Usamos o termo nuvem privada para nos referirmos a data centers internos de uma empresa ou outra organização, não disponibilizados ao público em geral. Assim, a computação em nuvem é a soma de saas e computação utilitária, mas não inclui nuvens privadas.[4]

Existem muitos tipos de serviços oferecidos pelos provedores de nuvem. Antes de detalhá-los, destacamos um elemento fundamental: a imagem da nuvem é extremamente

4. Michael Armbrust *et al.*, "Above the Clouds: A Berkeley View of Cloud Computing". Technical report n. UCB/EECS-2009–28, p. 1. Electrical Engineering and Computer Sciences, University of California, Berkeley, 10 fev. 2009. Disponível em: hedra.com.br/r/Wjn.

metafórica e útil para as big techs. A ideia de nuvem dá a noção de que os dados pairam sobre nossa cabeça, que eles estão voando por aí sem vínculo com nenhum território. Isso aliena e encobre o debate sobre a localização e o controle dos dados. A nuvem é um serviço de hospedagem de hardware ou armazenamento de softwares, sistemas e dados por empresas especializadas em guardá-los, que dão aos clientes acesso remoto, pela internet, a esses recursos.

Observar a definição de dois grandes provedores de nuvem permite compreender bem o novo segmento de mercado de tecnologia denominado "nuvem":

Definição de nuvem

Google Cloud	Amazon Web Server
A computação em nuvem é a disponibilidade sob demanda de recursos computacionais (exemplos: armazenamento e infraestrutura) como serviços pela internet. Ela elimina a necessidade de indivíduos e empresas gerenciarem os próprios recursos físicos enquanto pagam apenas pelo que usarem.	A computação em nuvem é a entrega de recursos de TI sob demanda, por meio da internet, com definição de preço de pagamento conforme o uso. Em vez de comprar, ter e manter data centers e servidores físicos, você pode acessar serviços de tecnologia – como capacidade computacional, armazenamento e bancos de dados – conforme a necessidade, usando um provedor de nuvem como a Amazon Web Services (AWS).

Tipos ou serviços de computação em nuvem

Google Cloud	Amazon Web Server
Os três principais tipos de computação em nuvem são: nuvem pública, nuvem privada e nuvem híbrida. Nesses modelos de implantação, há quatro serviços principais: Infraestrutura como Serviço (IaaS), Plataforma como Serviço (PaaS), Software como Serviço (SaaS) e computação sem servidor.	Por mais que as definições variem de empresa para empresa, tradicionalmente há três modelos principais para a computação em nuvem. Cada modelo representa um aspecto diferente da computação em nuvem: Infraestrutura como Serviço (IaaS), Plataforma como Serviço (PaaS) e Software como Serviço (SaaS).

Infraestrutura como Serviço (IaaS)	
Google Cloud	**Amazon Web Server**
A IaaS fornece recursos de infraestrutura sob demanda, como computação, armazenamento, rede e virtualização. Com a IaaS, o provedor de serviços é proprietário e opera a infraestrutura, mas os clientes precisam comprar e gerenciar software, como sistemas operacionais, *middleware*, dados e aplicativos.	A IaaS contém os componentes básicos da TI na nuvem. Normalmente, a IaaS oferece acesso a recursos de rede, computadores (virtuais ou em hardware dedicado) e espaço de armazenamento de dados. A IaaS oferece o nível mais alto de flexibilidade e controle de gerenciamento sobre os recursos de TI. Trata-se do tipo de computação mais semelhante aos recursos existentes de TI já conhecidos por vários departamentos e desenvolvedores de TI.

Plataforma como Serviço (PaaS)	
Google Cloud	**Amazon Web Server**
A PaaS fornece e gerencia recursos de hardware e software para desenvolvimento, teste, entrega e gerenciamento de aplicativos na nuvem. Os provedores geralmente oferecem *middleware*, ferramentas de desenvolvimento e bancos de dados na nuvem nas ofertas de PaaS.	Com a PaaS, você não precisa mais gerenciar a infraestrutura subjacente (geralmente, hardware e sistemas operacionais) e pode manter o foco na implantação e no gerenciamento de aplicativos. Dessa forma, você fica mais eficiente, pois não precisa se preocupar com aquisição de recursos, planejamento de capacidade, manutenção de software, correções ou qualquer outro tipo de trabalho genérico repetitivo necessário para a execução dos aplicativos.

Software como Serviço (SaaS)	
Google Cloud	**Amazon Web Server**
O SaaS oferece uma pilha de aplicativos completa como um serviço que os clientes podem acessar e usar. As soluções de SaaS geralmente vêm como aplicativos prontos para uso, que são gerenciados e mantidos pelo provedor de serviços de nuvem.	O SaaS oferece um produto completo, executado e gerenciado pelo provedor de serviços. Na maioria dos casos, quando as pessoas mencionam SaaS, estão falando de aplicativos de usuários finais (como e-mail baseado na web). Com uma oferta de SaaS, não é preciso pensar na manutenção do serviço ou no gerenciamento da infraestrutura subjacente. Só se preocupar em como usar esse software específico.

Computação sem servidor	
Google Cloud	**Amazon Web Server**
A computação sem servidor em modelos de serviço na nuvem também é chamada de função como serviço (FaaS, na sigla em inglês). Esse é um modelo de serviço de nuvem relativamente novo, que fornece soluções para criar aplicativos como funções simples, acionadas por eventos, sem gerenciar nem escalonar nenhuma infraestrutura.	

Fonte: hedra.com.br/r/kq7 e hedra.com.br/r/MZl.

A implementação da nuvem pode ser privada, pública ou híbrida. Isso depende de onde estão localizados e como são compartilhados os recursos e a estrutura computacional. As nuvens públicas armazenam os dados e sistemas de vários clientes em ambientes não exclusivos de um único usuário. Já o termo "nuvem privada" em geral é utilizado para infraestruturas criadas e executadas para uma única organização.

> As nuvens híbridas mesclam pelo menos um ambiente de computação particular (infraestrutura de TI tradicional ou nuvem privada, incluindo borda) com uma ou mais nuvens públicas. [...] quase 90% das empresas agora são consideradas *multicloud*, o que significa que elas combinam serviços de pelo menos duas nuvens diferentes.[5]

Os provedores de nuvem surgiram com a expansão da internet e se beneficiaram da ampliação da banda larga e da elevação da capacidade de armazenamento e processamento dos computadores. O negócio se estrutura quando uma empresa se especializa em "alugar" para outras organizações o acesso a servidores de grande qualidade e com enorme poder computacional. O provedor de nuvem propõe às empresas e organizações de todos os segmentos da economia que se concentrem em suas atividades principais, deixando aos cuidados dele sua infraestrutura de dados, sistemas e computadores. É uma terceirização. Muitas pequenas, médias e grandes empresas deixaram de ter que manter uma infraestrutura tecnológica para acessar as máquinas ou sistemas de um provedor de nuvem.

Uma das demandas que tornaram o modelo de nuvem sedutor foi a crescente necessidade de escalabilidade de recursos computacionais. A nuvem pode ser escalável, ou seja, se uma empresa precisa processar muitas informações somente em

5. Google Cloud, "Quais são os diferentes tipos de computação em nuvem?". Disponível em: hedra.com.br/r/MZl.

determinados períodos do ano, faria mais sentido ampliar o contrato para o uso de mais processamento de dados de um terceiro do que adquirir inúmeros servidores que permanecerão sem uso na maior parte do tempo. A computação em nuvem permitiu que empresas e indivíduos acessassem recursos de computação, armazenamento e redes por meio da internet, pagando apenas pelo uso efetivo desses serviços. Foi assim que o capitalismo abriu esse novo negócio no início do século XXI.

Tanto a conectividade global – em especial a aceleração da capacidade de transferência de dados – como a tecnologia de virtualização computacional propiciaram uma nova divisão de trabalho no cenário do armazenamento e processamento de informações. A virtualização é uma técnica que permite que vários sistemas operacionais e aplicações rodem em uma única máquina física, aumentando a eficiência e a utilização dos recursos de hardware. Desse modo, o provedor de nuvem poderia construir enormes armazéns para hospedar centenas de servidores de rede e milhões de terabytes de dados, fazendo dessa economia de escala uma nova fonte de receita. Algumas grandes empresas alavancadas por grandes fundos de investimento disputam o mercado de provimento de nuvem, aportando bilhões de dólares em investimentos em instalações físicas, o que tem gerado uma concentração gigantesca da infraestrutura digital.

DESTERRITORIALIZAÇÃO E CONCENTRAÇÃO EM TERRITÓRIOS

Pagar somente pelo que se usa é uma ideia atraente para empresários e veio reforçar as dinâmicas neoliberais que estavam em curso, clamando pela doutrina da extrema competitividade e pela busca de custos menores e maior produtividade. Quarteirização, terceirização, deslocalização de informações, abertura de todas as fronteiras para o fluxo internacional de dados acabariam fortalecendo ainda mais a concentração de insumos e ganhos tecnológicos nas big techs. Chamado também de *cloud-sourcing*, o negócio avançou apresentando a ideia de que empresas poderiam concentrar seus esforços e recursos em suas competências principais, repassando a gestão e manutenção da infraestrutura de TI para provedores especializados. Desse modo, o provedor de nuvem aparece como um novo grande negócio.

A observação dos negócios da nuvem e sua rápida expansão parecem confirmar a percepção do geógrafo David Harvey quando afirmou testemunhar "outra difícil rodada do processo de aniquilação do espaço por meio do tempo que sempre esteve no centro da dinâmica do capitalismo".[6] Com a expansão da conectividade da internet, com o aumento da largura de banda e com a transferência de enormes quantidades de dados por segundo, a hospedagem remota de sistemas e bancos de dados era a confirmação de um capitalismo que anula o espaço pela velocidade da comunicação de bilhões de bytes por segundo. Assim, as empresas bilionárias podem capturar em suas infraestruturas todos os dados criados pelo planeta.

A nuvem organiza o processo de concentração de capital, explorando as características da desterritorialização implementadas pelas redes digitais. A metáfora e a realidade das nuvens compõem o que o geógrafo Milton Santos chamou de tecnoesfera.[7] O pensador brasileiro destacou que o conceito

6. David Harvey, *Condição pós-moderna: Uma pesquisa sobre as origens da mudança cultural*. São Paulo: Loyola, 1992, p. 264.
7. Milton Santos, *Por uma outra globalização*. Rio de Janeiro: Record, 2000.

de território está relacionado ao poder e ao controle do espaço. As redes digitais ou informacionais, como a internet e outras formas de comunicação digital, são componentes cruciais da tecnoesfera, pois permitem a circulação instantânea de dados e informações. Essas redes ampliam a capacidade de controle e gestão dos espaços e territórios, ao mesmo tempo que facilitam a coordenação de atividades econômicas e políticas em escala global. A digitalização e a informatização intensificam a globalização e o neocolonialismo ao permitir que fluxos de capital, informações e serviços ocorram de maneira a extrair riqueza a partir dos dados criados e coletados das sociedades tecnologicamente dependentes.

A tecnoesfera desempenha papel crucial na configuração do território, uma vez que assegura que certos atores, como as big techs, exerçam controle à distância de vastas áreas geográficas. A tecnoesfera no contexto do capitalismo dataficado reorganiza o território, seu acesso e uso dos recursos nele disponíveis, define os fluxos de capital e informações e vai reforçando a centralização do poder em poucas regiões enquanto define a periferização de outras. A tecnoesfera continua sendo um elemento essencial na produção do território, na medida em que possibilita a materialização e a operacionalização do poder sobre o espaço. Os data centers integram essa estrutura de poder.

A Amazon, a princípio uma empresa de comércio eletrônico principalmente de livros, foi pioneira no mercado de computação em nuvem com o lançamento da Amazon Web Services (AWS) em 2006. Segundo relatos oficiais da empresa, Jeff Bezos e sua equipe perceberam que muitas startups e empresas enfrentavam desafios de escalabilidade e capacidade computacional, semelhantes aos enfrentados pela Amazon.

Aproveitando o conhecimento disponível da chamada computação distribuída e em nuvem, resolveram criar uma solução para atender a essas necessidades do mercado.

O primeiro serviço lançado pela AWS foi o Amazon Simple Storage Service (S3), seguido pelo Amazon Elastic Compute Cloud (EC2). Esses serviços permitiram que empresas armazenassem grandes volumes de dados e executassem aplicações sem a necessidade de investir em hardware próprio. O modelo de preços que a AWS adotou foi baseado em consumo, em que os clientes pagavam apenas pelo que usavam. Isso foi considerado revolucionário. Foi propagandeado de forma ampla como um empreendimento capaz de reduzir custos iniciais e riscos associados à aquisição e manutenção de infraestrutura própria. Desse modo, a AWS cresceu rapidamente para se tornar o maior provedor de serviços de nuvem do mundo.

Um dos três mercados mundiais de nuvem, o de Infraestrutura como Serviço (IaaS), cresceu 16,2% em 2023, totalizando 140 bilhões de dólares. Esse segmento tinha atingido a marca de 120 bilhões de dólares em 2022, de acordo com a Gartner, Inc. A Amazon continuou a liderar o mercado mundial de IaaS com receita de 54,6 bilhões de dólares e 39% de participação de mercado, seguida pela Microsoft, com 23%. Somente essas duas empresas dominaram 62% do mercado planetário no ano de 2023. A concentração desse tipo de negócio é descomunal, uma vez que apenas os cinco maiores provedores de IaaS representaram 82% do mercado.[8]

A concentração ocorre porque muitos países e territórios dependem bastante das tecnologias e do domínio dos oligopó-

8. Gartner, "Gartner Says Worldwide IaaS Public Cloud Services Revenue Grew 16.2% in 2023". Press release, 22 jul. 2024. Disponível em: hedra.com.br/r/5b9.

lios digitais, que comandam seu desenvolvimento e atraem bilhões em investimentos provenientes de seus fundos controladores. No livro *Too Smart: How Digital Capitalism Is Extracting Data, Controlling Our Lives, and Taking Over the World* [Demasiado inteligente: Como o capitalismo digital está extraindo dados, controlando nossas vidas e dominando o mundo], Jathan Sadowski apresenta uma crítica contundente ao papel da computação em nuvem no fortalecimento do capitalismo digital e na dominação da economia mundial.[9] Sadowski constatou que as economias de escala inerentes aos modelos de negócios de nuvem permitem que as grandes empresas tecnológicas ampliem rapidamente suas operações e se expandam para novos mercados. Isso aumenta a capacidade de dominarem setores econômicos inteiros.

Os provedores de nuvem atuam como *gatekeepers*, ou guardas, de recursos críticos, impondo preços conforme interesses de acesso a determinados países e controlando quem pode usar sua infraestrutura. Isso lhes dá um poder significativo sobre a inovação e a competitividade. Sadowski informa ainda que as grandes empresas de nuvem usam seu poder econômico para influenciar políticas públicas e regulatórias a seu favor. Elas fazem investimentos pesados em lobbying para moldar a legislação e os regulamentos de maneira que protejam e ampliem seus interesses. O Brasil tem sofrido ataques das big techs e conta com políticos serviçais para barrar tentativas regulatórias, como ocorreu com o projeto de lei de regulação das plataformas, o PL 2630.

É importante destacar que a hospedagem remota de dados só é possível em um mundo organizado por Estados nacionais se for viável a transferência transfronteiriça das informa-

9. Jathan Sadowski, *Too Smart*, *op. cit.*

ções digitalizadas. A doutrina neoliberal é fundamental para que essa transferência ocorra mesmo diante de um cenário de grande turbulência geopolítica e justificada desconfiança a respeito da garantia efetiva dos contratos em diferentes jurisdições. No início da expansão dos negócios de nuvem, o jornal britânico *The Guardian*, ao discutir a preocupação crescente com a privacidade e com a propriedade dos dados dos usuários, entrevistou o programador e hacker Richard Stallman, criador do movimento pelo software livre, que afirmou: "Se você usa um programa proprietário ou o servidor web de outra pessoa, você está indefeso".[10] Sem dúvida, colocar arquivos indispensáveis, sistemas e softwares em uma instituição que está longe da sua capacidade de recorrer à Justiça e que exige contratar escritórios de advogados em outro país é um grande ato de confiança nessas empresas de provimento de nuvem. Para a pesquisadora José van Dijck, esse ato de fé pode ser nomeado de dataísmo.

> O dataísmo pressupõe confiança na objetividade de métodos quantificados, bem como na independência e integridade das instituições que implementam esses métodos – sejam elas plataformas corporativas, agências governamentais ou pesquisadores acadêmicos. Confiança e independência, no entanto, são noções conflitantes em um ecossistema de conectividade no qual todas as plataformas on-line são inevitavelmente interconectadas, tanto no nível de infraestrutura quanto no nível de lógica operacional (Van Dijck, 2013a; Van Dijck; Poell, 2013). Quando tudo e todos estão conectados pela

10. Bobbie Johnson, "Cloud Computing Is a Trap, Warns GNU Founder Richard Stallman". *The Guardian*, 29 set. 2008. Disponível em: hedra.com.br/r/Znv.

mesma infraestrutura e operam pela mesma lógica – uma visão teorizada por Foucault bem antes do advento das tecnologias on-line.[11]

A localização geográfica dos data centers sob o controle principalmente de empresas subordinadas aos atos e legislações do Estado norte-americano parece não preocupar empresários de vários países, que acreditam estar alinhados com os interesses de Washington e que, portanto, não teriam por que se preocupar com dados, sistemas e soluções de suas empresas hospedadas na terra do Tio Sam ou controladas por suas big techs. Uma crença que compõe a ideologia desse processo.

A NUVEM COMO INFRAESTRUTURA GEOPOLÍTICA

A segurança é um elemento vital do negócio de nuvem. Por exemplo, a Microsoft Azure, para garantir a segurança dos dados e sistemas de seus clientes, divulga que, além do aparato tecnológico de proteção contra ataques e falhas digitais, adota medidas de isolamento físico de seus data centers. O data center seguro precisa de redundância e deve espelhar dados em outro data center ou ter cópia dos dados nele. Quedas de energia na cidade ou no estado em que o data center esteja localizado, catástrofes e desastres, naturais ou não, podem paralisar os serviços e o acesso remoto dos dados dos clientes. Por isso, existe um cálculo do que seria a distância segura de um data center com seu espelho. A Microsoft Azure afirma manter seus data centers espelhados ou os pares redundantes a uma distância mínima de 483 quilômetros.[12]

11. José van Dijck, "Datafication, Dataism and Dataveillance: Big Data between Scientific Paradigm and Ideology". *Surveillance & Society*, v. 12, n. 2, pp. 197–208, 2014. Disponível em: hedra.com.br/r/AjE.
12. Fonte: Mark Robins, "Aircraft Health Monitoring", *op. cit.*

É interessante que Amazon, Microsoft, Google e outros provedores de nuvem detalhem tudo o que podem fazer para evitar a interrupção do acesso aos seus serviços de nuvem, a fim de garantir a segurança diante de ataques de hackers e estruturas criminosas. Todavia, não dizem uma linha sequer sobre bloqueios políticos e geopolíticos que podem interromper as comunicações e sequestrar dados e sistemas. Essa hipótese parece não existir. Muito menos a espionagem de agências nacionais parece ser aceita, exceto nos poucos meses que se seguiram às denúncias feitas por Edward Snowden.

As publicações do Atlantic Council ajudam a esclarecer bem o problema. O Atlantic Council é um *think tank* norte-americano no campo das relações internacionais formado em 1961 durante a Guerra Fria. A Cyber Statecraft Initiative [Iniciativa de Política Cibernética] do Atlantic Council,[13] até 2024 sob o Digital Forensic Research Lab (DFRLab), trabalhava no nexo entre geopolítica e segurança cibernética para elaborar estratégias e buscar influenciar as autoridades de interesse dos norte-americanos. Em sua descrição de computação em nuvem, a Cyber Statecraft Initiative publicou:

> A computação em nuvem é mais do que tecnologia e engenharia – ela tem consequências sociais e políticas reais. Os projetos de computação em nuvem da Cyber Statecraft Initiative (CSI) analisam como os provedores de nuvem influenciam o ritmo e a direção do crescimento econômico, moldam a competição internacional de segurança, traçam o curso para resiliência em larga escala e medeiam o acesso a tecnologias que hoje informam mudanças no equilíbrio global de poder.[14]

13. Atlantic Council, "Cyber Statecraft Initiative". Disponível em: hedra.com.br/r/oot.
14. DFRLab, "Cloud Computing". Disponível em: hedra.com.br/r/5sq.

No relatório do Atlantic Council "Four Myths about the Clouds: The Geopolitics of Cloud Computing" [Quatro mitos sobre as nuvens: A geopolítica da computação em nuvem], Trey Herr, o diretor da Cyber Statecraft Initiative, busca desmistificar quatro ideias correntes sobre a computação em nuvem e seus provedores.[15] A primeira questão que Herr combate é a ideia de que todos os dados são iguais, destacando que diferentes tipos de dados (de usuários, derivados e de sistemas) têm impactos distintos em políticas de armazenamento e regulamentação. A segunda é a contestação de que a computação em nuvem não representa riscos à cadeia de suprimentos, e para isso Herr enfatiza que os provedores de nuvem gerenciam infraestruturas altamente vulneráveis a falhas de hardware, software e segurança cibernética. A terceira passa pela refutação da crença de que apenas Estados autoritários distorcem a nuvem pública, e Herr demonstra que países democráticos também impõem regulamentações que alteram a lógica da infraestrutura global de nuvem. A quarta objeção é contra o mito de que os provedores de nuvem não influenciam a estrutura da internet. Dependendo do tamanho e posicionamento, as decisões desses provedores podem moldar o tráfego de dados, a infraestrutura de conectividade e a segurança digital.

Herr alerta para os desafios de governança da nuvem, especialmente no que diz respeito à soberania dos dados e à segurança cibernética. A crescente dependência da computação em nuvem faz com que as decisões dos provedores de nuvem impactem desde pequenas empresas até órgãos de in-

15. Trey Herr, "Four Myths about the Cloud: The Geopolitics of Cloud Computing". *The Atlantic Council's Cyber Statecraft Initiative*, 31 ago. 2020. Disponível em: hedra.com.br/r/C6Y.

teligência e segurança nacional. Para Herr, os provedores de nuvem não são apenas empresas de tecnologia, mas entidades que controlam infraestruturas críticas. Ele afirma, no entanto, que não existe um modelo claro de governança que equilibre o poder dessas empresas com a soberania dos Estados e os direitos dos usuários. Na realidade, a posição contrária de Herr quanto à localização de dados se torna conflitante com suas descrições e análises, o que demonstra o grande poder de interferência dos provedores de nuvem na rede e na segurança dos dados.

A Rússia exige a localização de dados, ou seja, os dados dos cidadãos russos devem ser armazenados em servidores locais. A Lei de Segurança Cibernética da China impõe restrições semelhantes e praticamente impede a retirada de dados dos chineses. Herr argumenta que essa localização dos dados pode ser contraproducente, uma vez que comprometeria a eficiência e a inovação da nuvem e impediria a distribuição global dos dados com balanceamento ideal de carga[16] e redundância geográfica. Ele também afirma que as restrições de localização de dados podem fragmentar a infraestrutura e aumentar os custos operacionais para usuários e empresas locais. O que ele não avalia, contudo, é que os países deveriam ter seus provedores de nuvem, dada a importância econômica e geopolítica estratégica. Além disso, ao afirmar que nem todos os dados são iguais, o argumento de que a localização de dados fragmenta a internet se torna inválido. Por que os dados do desempenho escolar dos adolescentes brasileiros precisam

16. Técnica para distribuir o tráfego de dados ou processamento em múltiplos servidores em um ou mais locais para diminuir a latência, a escalabilidade e a resiliência.

estar hospedados nos Estados Unidos para que a internet funcione? Uma coisa não tem nada a ver com a outra.

O mais curioso é que Herr faz questão de afirmar que a segurança dos dados não depende só de onde eles estão armazenados, mas também de como são protegidos. Sem dúvida, um data center no território de um país não está necessariamente mais seguro do que outro localizado no exterior. Mas um data center no território norte-americano pode ser imediatamente bloqueado por uma medida intempestiva de Donald Trump. Também é bom lembrar que dados hospedados nos EUA estão sempre disponíveis para as agências de inteligência e segurança norte-americanas, como provou Edward Snowden.

O importante é lembrar que, na conclusão do seu relatório, Herr confirma a tese de que os provedores de nuvem são estruturas geopolíticas:

> Os conflitos no ciberespaço já estão sendo travados na nuvem e por meio da nuvem. Uma vez que os provedores continuam a concentrar quantidades inigualáveis de recursos de computação e dados de usuários, eles só crescerão em importância – como governantes, como campos de batalha e como magníficos motores de complexidade. Enquanto isso, os formuladores de políticas devem se armar com algo mais do que mitos, à medida que buscam lidar com a geopolítica da nuvem.[17]

A seguir vamos mostrar a articulação da indústria da guerra com provedores de nuvem e de plataformas digitais, em geral de propriedade das big techs. Informações e ações antes internas às estruturas estatais, mais especificamente sob o controle total ou quase integral das instituições militares e de inteligência, agora estão sendo transferidas para as big techs, os novos protagonistas da guerra.

17. *Ibid.*, p. 25.

CAPÍTULO 3

A inteligência artificial realmente existente rumo à guerra

Em 2015, um grupo de cientistas e pessoas influentes ligadas ao desenvolvimento tecnológico lançou um manifesto contra o uso da inteligência artificial como recurso militar e dispositivo fundamental da guerra.[1] Entre as centenas de signatários estavam o físico Stephen Hawking e o empresário Elon Musk. Este último parece ter mudado de opinião ao se tornar adepto da política do presidente norte-americano Donald Trump e membro ativo da extrema direita.[2] A dura e inequívoca realidade indica que a corrida pela aplicação da IA nos negócios da guerra avança com rapidez entre as principais Forças Armadas do planeta.[3] A ideia de empregar a IA apenas em assuntos e temas pacíficos aparenta ter sido completamente derrotada.

1. Samuel Gibbs, "Musk, Wozniak and Hawking Urge Ban on Warfare AI and Autonomous Weapons". *The Guardian*, 27 jul. 2015. Disponível em: hedra.com.br/r/uos.
2. David Ingram e Bruna Horvath, "How Elon Musk Is Boosting Far-Right Politics across the Globe". *NBC News*, 16 fev. 2025. Disponível em: hedra.com.br/r/DyA.
3. PwC Strategy&, "The Global AI Race and Defense's New Frontier: Driving Artificial Intelligence in Defense". *Strategy&*, 2025. Disponível em: hedra.com.br/r/SOA.

Um relatório da RAND Corporation[4] encomendado pela Força Aérea dos Estados Unidos para analisar os limites da IA para aplicações de combate alertava que essa tecnologia é "taticamente brilhante, mas estrategicamente ingênua". A IA é rápida para analisar os dados dos sensores e fontes de observação e tomar decisões baseadas em padrões das ações do inimigo, mas não tem uma visão geopolítica mais ampla nem domina um contexto geral. Tem dificuldades na estruturação das consequências de ações no longo prazo e, por isso, é limitada para apresentar uma estratégia inteligente.

Os pesquisadores da RAND Corporation não buscaram determinar os limites da IA em todos os sentidos, mas investigaram quatro aplicações específicas de combate. Por isso, analisaram os usos potenciais do aprendizado de máquina na segurança cibernética, na manutenção preditiva, nos jogos de guerra e no planejamento de missões. Essas aplicações militares foram escolhidas pelos investigadores para representar uma variedade de utilizações possíveis e suas restrições.

As conclusões desse relatório, publicado em 2024, são reveladoras do que aqui é denominado IA realmente existente. Entre elas estão afirmações do tipo: "Os dados de tempos de paz não podem ser substituídos por dados de tempos de guerra. A IA não consegue compensar a escassez de dados apropriados". Outro resultado do relatório soa como um grave alerta: "Não se pode confiar nos algoritmos de classificação de IA para aprender o que não lhes foi ensinado. A IA não previu nem reconheceu novos tipos de ataques ciberné-

4. Lance Menthe *et al.*, "Understanding the Limits of Artificial Intelligence for Warfighters". V. 1, Summary (Research Report), p. 18. RAND Corporation, 3 jan. 2024. Disponível em: hedra.com.br/r/D6I.

ticos". Os termos "algoritmos", "dados", "classificação" e os verbos "aprender" e "ensinar" são esclarecedores.

O que é a IA realmente existente? São sistemas automatizados que usam algoritmos estatísticos e probabilísticos para classificar e extrair padrões de bases de dados gigantescas, empregando um elevado poder computacional. O objetivo é criar modelos capazes de receber novos dados, que serão processados de acordo com as finalidades específicas para as quais foram projetados. O processo de preparação da IA realmente existente é chamado de "treinamento", que pode ser supervisionado (com intervenção humana), não supervisionado (sem intervenção humana) ou por reforço (baseado em recompensas e penalidades). Entre as diversas caracterizações e abordagens da IA realmente existente, a hegemônica é a conexionista, que busca reproduzir o modo como o cérebro humano e os neurônios se conectam entre si. Isso é feito por meio de algoritmos que "aprendem" com os dados que recebem e criam modelos com finalidades específicas.

O aprendizado de máquina supervisionado é treinado com um conjunto de dados que já contém as respostas corretas para que o modelo extraia os padrões corretos e precisos dos dados com base nos exemplos indicados. Em seguida, o modelo deve ser capaz de prever a resposta correta para novos dados. É muito comum pessoas rotularem as imagens com tags que definem seu conteúdo. Por exemplo, milhares de imagens de pássaros são utilizadas para que o modelo detecte o padrão das aves. No chamado treinamento, as imagens selecionadas são rotuladas para que o algoritmo aprendiz consiga captar o que caracteriza as imagens de pássaros.

Um exemplo bem simples se refere à identificação do que é e do que não é spam. Para chegar a um sistema que identifica automaticamente o spam, realiza-se a extração de padrões do que é e do que não é spam para um usuário determinado, com base em sua caixa postal. O algoritmo vai buscar as mensagens que o usuário considerou não solicitadas, não interessantes e que foram descartadas. O algoritmo de aprendizado analisa as características desses e-mails (como palavras-chave, remetente etc.) e "aprende" a associar essas características às categorias corretas. Depois de treinado, o modelo pode analisar novos e-mails e prever se são spam ou não com base no que aprendeu, ou seja, conforme o padrão que extraiu.

No treinamento não supervisionado, o modelo recebe um conjunto de dados sem nenhuma informação sobre as respostas corretas. O objetivo é que o algoritmo descubra correlações, padrões, estruturas ou agrupamentos nos dados sem orientação prévia. Um exemplo são as informações sobre clientes de uma loja, como idade, localização e frequência de compras. O modelo não sabe o que essas informações significam, mas pode agrupar os clientes com base em correlações e similaridades existentes. Por exemplo, o algoritmo pode até descobrir coisas inusitadas, como relacionar adultos jovens que compram fraldas e também compram cerveja na mesma ida ao supermercado. Enfim, a finalidade do algoritmo é extrair correlações que dificilmente uma pessoa conseguiria realizar observando uma massa de dados – e que são muito úteis para formular estratégias de marketing direcionadas.

Já no treinamento por reforço, o modelo aprende por tentativa e erro, recebendo feedback, que pode ser entendido como recompensas ou penalidades sobre suas ações. O objetivo é que o algoritmo maximize as recompensas ao longo do tempo, ajustando seu comportamento com base no feedback recebido. As recompensas são, na prática, valores numéricos atribuídos a determinadas ações, que indicam quão benéficas ou prejudiciais foram essas ações para alcançar o objetivo definido. O exemplo de um modelo algorítmico para jogar xadrez é frequentemente adotado para ilustrar o treinamento por reforço. O modelo começa sem conhecer as regras ou estratégias do jogo. A cada movimento que faz, ele recebe uma recompensa (por exemplo, pontos por capturar uma peça do adversário) ou uma penalidade (por exemplo, a subtração de muitos pontos ao perder a rainha). Com o tempo, o modelo aprende quais movimentos geram recompensas maiores e ajusta sua estratégia para maximizar as chances de vitória.

Quando um modelo de aprendizado de máquina tem muitas camadas, é denominado aprendizado profundo ou *deep learning*. Esses modelos geralmente adotam uma técnica chamada de redes neurais artificiais, que são estruturas inspiradas no funcionamento do cérebro humano, mas implementadas de forma matemática e computacional. Os Modelos de Linguagem de Grande Escala (*Large Language Models*, LLMS) e a IA Generativa são exemplos de sistemas que empregam arranjos complexos de redes neurais artificiais. Além disso, modelos utilizados em aplicações como biometria facial e técnicas de visão computacional também se baseiam nessa abordagem de aprendizado profundo, que frequentemente emprega variações das redes neurais artificiais, como redes convolucionais (CNNS), para o processamento de imagens.

São dados, sistemas algorítmicos e modelos que compõem a IA realmente existente. Nesses primeiros 25 anos do século XXI, os algoritmos estatísticos e probabilísticos foram adequados ao tratamento de bases de dados gigantescas com o objetivo de modelar sistemas automatizados. Um modelo, na prática, é um programa que roda em um ou mais hardwares, recebendo novos dados a fim de realizar tarefas, responder a perguntas e efetuar as solicitações sobre aquilo para o qual foi criado. Assim, a IA depende de dados, que são seu insumo fundamental. Nesse sentido, o filósofo Matteo Pasquinelli e o acadêmico Vladan Joler escreveram que "é mais razoável considerar o aprendizado de máquina como um instrumento de ampliação do conhecimento que ajuda a perceber características, padrões e correlações através de vastos espaços de dados que estão além do alcance humano".[5]

No mesmo texto, Pasquinelli e Joler afirmam que a IA é a continuidade do projeto moderno de mecanizar a razão humana, que se converteu em "um regime corporativo extrativista do conhecimento e um colonialismo epistêmico".[6] Apesar de todos os exageros e promessas místicas sobre a inteligência maquínica, os dois pesquisadores indicaram uma perspectiva para a análise crítica do cenário que estamos vivendo. Desde o Iluminismo, há uma tendência tecnocientífica de tentar formalizar e automatizar o pensamento humano. A IA é uma tentativa de reduzi-lo ou expressá-lo em processos mecânicos e algorítmicos. Suas vantagens econômicas e seu ímpeto produtivista são contundentes. No mundo industrial, a grande indústria apostou na mecanização e a dominou. No contexto informacional, as grandes corporações digitais apostam na expansão das novas tecnologias de automatização.

A IA realmente existente carrega a perspectiva de simular e replicar a cognição humana pelas máquinas. Na realidade, o hardware continua sendo hardware, em geral um conglome-

5. Matteo Pasquinelli e Vladan Joler, "O Manifesto Nooscópio: Inteligência artificial como instrumento de extrativismo do conhecimento". Trad. de Leandro Módolo e Thais Pimentel. *Lavits*, 30 jul. 2020. Disponível em: hedra.com.br/r/T8P.
6. *Ibid.*

rado de metais e outros sólidos. O software continua sendo um conjunto de instruções, um arranjo de algoritmos. Não existe uma IA sem hardware, e muito menos sem software. A inteligência está nos algoritmos e não nos pedaços de silício. As abordagens hegemônicas dessa IA se concentram no aprendizado de máquina profundo. Nela, um modelo de IA generativa inexiste sem que tenha sido preparado e treinado a partir dos dados. Não é por outro motivo que a China definiu pragmaticamente os dados como fatores de produção.

Por mais que a DeepSeek, empresa chinesa de IA, tenha abalado o mundo com sua capacidade de lançar um grande modelo de linguagem com menos de 20% do poder computacional utilizado no treinamento da Open AI, Meta e Alphabet, nada indica que a criação, a coleta e o armazenamento de dados irão arrefecer nos próximos anos. Isso porque os dados se converteram em capital.[7] Integram o ciclo de reprodução ampliada do capital digital. Por isso, vivemos uma intensa fase de datificação que se confunde com o próprio processo de capitalização.

MEGAMÁQUINA E OS PROCESSOS ALIENANTES

O aprendizado de máquina, em especial o aprendizado profundo, tem avançado rapidamente por muitos segmentos da economia e está sendo cada vez mais empregado pelos Estados. A abordagem conexionista ou a IA baseada em dados beneficia a concentração do seu desenvolvimento em grandes empresas devido aos recursos que consome e à necessidade de muitos dados e de grande poder computacional, seja

7. Marcos Dantas *et al.*, *O valor da informação*, *op. cit.*; Jathen Sadowski, *Too Smart*, *op. cit.*

para o treinamento de modelos, seja para sua execução ou inferência. Consolida-se como uma megamáquina, alienante, distante de quem a utiliza e até de quem tem formação em ciências computacionais.

O professor de ciência política Langdon Winner, em *Autonomous Technology* [Tecnologia autônoma],[8] apontou que a especialização e a complexidade crescentes dos sistemas tecnológicos tornavam impossível que qualquer indivíduo os compreendesse ou controlasse por completo. Não é exagerado afirmar que a IA realmente existente amplificou essa problemática captada por Winner. Mais do que isso, o processo de desenvolvimento do aprendizado de máquina,[9] especificamente dos grandes modelos, envolve um sistema complexo, caro e composto de centenas de máquinas. Isso torna o processo mais distante e implica o desconhecimento e a perda da autonomia das pessoas que a utilizam.

Lewis Mumford, historiador e filósofo da tecnologia, publicou *The Myth of the Machine* [O mito da máquina], em dois volumes.[10] O primeiro, *Technics and Human Development* [Técnica e desenvolvimento humano], foi publicado em 1967, e o segundo, intitulado *The Pentagon of Power* [O pentágono do poder], foi lançado em 1970. Neste último, Mumford afirmou que uma megamáquina não é apenas um conjunto de dispositivos tecnológicos, mas uma estrutura de poder baseada na submissão de indivíduos a um sistema técnico e burocrático. Para demonstrar a validade dessa noção, Mumford trabalhou

8. Langdon Winner, *Autonomous Technology: Technics-out-of-control as a Theme in Political Thought*. Cambridge, MA:MIT Press, 1978.
9. Matteo Pasquinelli e Vladan Joler, "O Manifesto Nooscópio", *op. cit.*
10. Lewis Mumford, *The Myth of the Machine*. Nova York: Harcourt, Brace Jovanovich, 1967, 1970. v. 1: *Technics and Human Development*, v. 2: *The Pentagon of Power*.

o exemplo das pirâmides. Desse modo, megamáquina pode ser definida como um sistema sociotécnico altamente organizado, em que a tecnologia e instituições altamente hierarquizadas, como as big techs, convergem para formar uma estrutura de controle e dominação.

A IA realmente existente vista como megamáquina é integrada de computadores, servidores, roteadores, switches, firewalls, balanceadores de carga para gerenciar o tráfego de dados, discos rígidos (HDDS), unidades de estado sólido (SSDS) e sistemas de armazenamento em rede (NAS/SAN), geradores, fontes de alimentação ininterrupta (UPS), unidades de distribuição de energia (PDUS), ar-condicionado de precisão, sistemas de resfriamento com água, cabeamento estruturado, fibras ópticas etc. A IA realmente existente é treinada na nuvem, em geral em grandes provedores de nuvem que têm infraestruturas de hiperescala.

O GPT-3, da Open AI, foi treinado com aproximadamente 175 bilhões de parâmetros. Utilizou placas GPU da NVIDIA V100 e A100 especiais para o aprendizado profundo. É provável que seu treinamento tenha levado 34 dias ou cerca de 816 horas, usando milhares de GPUS em paralelo. Os parâmetros são como a "memória" de um modelo de linguagem, ou melhor, são como "anotações" que o modelo faz para lembrar como palavras, frases e ideias se conectam. Na realidade, são números que o modelo usa para decidir como interpretar uma palavra ou frase com base no contexto. Quanto mais parâmetros, mais o modelo conseguiu aprender os padrões mais complexos e sutis da linguagem. Entretanto, isso implica maior custo de energia, tempo e recursos de treinamento. O grau de complexidade e a grande estrutura maquínica empregada na construção dessas abordagens hegemônicas da IA podem ser compreendidos como uma megamáquina. Se chamamos isso de inteligência, ela está muito mais distante do cidadão comum e cada vez mais dependente de corporações.

Para aprofundarmos a compreensão dos recursos do treinamento de um grande modelo de linguagem, vamos observar mais um pouco a importância dos parâmetros adotados pelo modelo. São números que o modelo usa para decisões sobre uma palavra em um contexto. Ao encontrar a palavra "banco", o modelo emprega seus parâmetros para decidir se o significado é "banco de sentar" ou "banco financeiro", dependendo das outras palavras ao redor. Durante o chamado treinamento, o modelo vai ajustando os parâmetros milhões ou bilhões de vezes até ficar com um grau de refinamento para melhorar a previsão do que vem a seguir em um texto. Assim como as sociedades têm regras não escritas que guiam o comportamento das pessoas, os parâmetros são similares a regras internas que guiam o comportamento do modelo ao gerar texto. Quanto mais parâmetros o modelo conhece, mais pode se adaptar a diferentes contextos e situações.

Na corrida pela liderança da IA realmente existente, o desafio real, ou seja, o controle da megamáquina, é também uma disputa pela eficiência. Isso implica tentar utilizar um número menor de parâmetros, mas de forma mais inteligente, para alcançar resultados semelhantes. Embora o número de parâmetros seja importante, a eficiência de um modelo também depende da sua arquitetura (como os parâmetros são organizados e empregados, sendo a arquitetura transformer altamente eficiente), do seu treinamento (a qualidade e a diversidade dos dados usados no treinamento) e de sua otimização (técnicas que podem reduzir o custo computacional sem comprometer o desempenho).

Um dos principais recursos do Estado norte-americano para manter a liderança e o controle do desenvolvimento da megamáquina da IA é o chip. Isso porque o aprendizado profundo ou deep learning envolve o treinamento de redes neurais com milhões ou até bilhões de parâmetros, o que requer grande quantidade de cálculos matemáticos, como multiplicações de matrizes, que precisam ser executados em paralelo. Chips especializados, como Unidades de Processamento Gráfico (Graphics Processing Units, GPUs) e Unidades de Processamento Tensor (Tensor Processing Units, TPUs), são projetados para lidar com operações paralelas de forma eficiente, acelerando de maneira significativa o processo de treinamento.

O tempo necessário para treinar modelos de deep learning pode ser extremamente longo, sobretudo com grandes conjuntos de dados. Chips como GPUs e TPUs podem reduzir drasticamente o tempo de treinamento. No caso da inferência, ou seja, a aplicação de modelos treinados a novos dados, também é fundamental um processamento rápido, especialmente em aplicações em tempo real, como reconhecimento de fala, visão computacional e veículos autônomos. Chips especializados podem realizar inferências com baixa latência, tornando possível a implementação de deep learning em aplicações críticas em tempo real.

Um chip é um circuito integrado composto de componentes eletrônicos miniaturizados, como transistores, que processam e armazenam informações. Ele é a unidade fundamental de processamento em dispositivos eletrônicos. É construído a partir de materiais semicondutores, como silício, que permitem controlar o fluxo de elétrons para processar informações. O semicondutor é a base física, enquanto o chip é o componente funcional que utiliza suas propriedades para operar. Quanto menor o tamanho do chip, mais avançado e eficiente tende a ser.

A Open AI utilizou no treinamento de seu modelo GPT-4 uma série de GPUs da NVIDIA, sobretudo a H100 (Hopper) e, possivelmente, algumas A100 (Ampere). Tais GPUs foram fabricadas pela Taiwan Semiconductor Manufacturing Company, usando um processo de quatro nanômetros (N4) no caso da H100 e sete nanômetros (N7) no caso da A100. Em breve, serão comercializados chips de três nanômetros. É importante realçar que um nanômetro (nm) é uma unidade de comprimento que equivale a um bilionésimo de metro – o que significa dividir um metro por 1 bilhão.

Construir coisas nessa escala exige domínio de processos tecnocientíficos e operacionais que poucas empresas têm. Os Estados Unidos, em 2022, aprovaram a Lei dos Chips, que, entre outras medidas, destinou 52,7 bilhões de dólares para subsidiar a fabricação e a pesquisa de semicondutores no país, concedeu um crédito fiscal de 25% para investimentos em fábricas de semicondutores e equipamentos avançados em seu território e criou o National Semiconductor Technology Center. A lei impõe restrições aos beneficiários de financiamento, proibindo-os de expandir a fabricação de semicondutores avançados na China e em outros países considerados de risco para a segurança nacional dos Estados Unidos. A finalidade é impedir a transferência de tecnologia avançada para a China. Além disso, a Lei dos Chips define medidas para controlar e restringir a exportação de semicondutores e equipamentos relacionados para aquele país, visando impedir que a potência rival obtenha tecnologia de ponta que possa ser usada em aplicações militares ou de inteligência artificial.

O Estado norte-americano se preparou para controle em escala planetária da cadeia do chip, que é indispensável para a operação da megamáquina da IA realmente existente. Nessa jornada, atua no plano macroinstitucional com leis e pressões econômicas e no plano nanotecnológico com a tentativa de reduzir ainda mais a dimensão dos circuitos para o processamento mais eficiente. A IA realmente existente não é uma tecnologia democrática. Para isso, precisaria colocar sob o domínio do conjunto das nações os seus componentes fundamentais, físicos e lógicos.

REPRESENTAÇÃO, COMPRESSÃO E VETORIALIZAÇÃO DA REALIDADE

No "Manifesto Nooscópio", Pasquinelli e Joler escreveram que o projeto de "mecanizar a razão humana" havia se convertido no século XXI em "um regime corporativo extrativista do conhecimento e um colonialismo epistêmico". Em seguida, afirmaram: "Isso não é surpreendente, uma vez que os algoritmos de aprendizado de máquina são os mais poderosos para a compressão de informações".[11] O que isso pode nos dizer?

Em primeiro lugar, que estamos vivendo a primazia de um conhecimento que se baseia em dados. Conhecer a realidade passaria por convertê-la em dados e aplicar sobre eles a análise estatística e as técnicas da probabilidade. Tudo precisa ser quantificado. Todo quantificado pode ser tratado por algoritmos. E aparentemente qualquer pessoa poderia transformar a vida em um fluxo de dados. Mas isso é enganoso. Dados precisam ser armazenados, e o processo de criação e extração re-

11. Matteo Pasquinelli e Vladan Joler, "O Manifesto Nooscópio", *op. cit.*

quer hardware e processamento intensivo. A datificação concentrou o seu armazenamento em oligopólios digitais capazes de construir infraestruturas ágeis, seguras e gigantescas.

Em segundo lugar, que o aprendizado de máquina introduz uma nova forma de racionalidade, em que a causalidade tradicional é substituída por correlações automatizadas, muitas vezes resultando em "alucinações estatísticas". Padrões irreais emergem de associações probabilísticas. Como nos mostraram Pasquinelli e Joler, os algoritmos de aprendizado detectam padrões estatísticos, mas não necessariamente entendem relações causais. Essa nova racionalidade substitui explicações tradicionais por previsões baseadas em associações massivas de dados.

Mas tais procedimentos não ampliam a realidade, são seus redutores e seus intérpretes. Quanto mais dependemos desse modo epistêmico, mais transferimos nossa inteligência não para as máquinas, mas para as corporações que controlam os dados de treinamento, as infraestruturas de armazenamento e processamento dos modelos de IA. Apesar da aparência de autonomia maquínica, a IA depende de uma força de trabalho humana significativa, muitas vezes invisível e desvalorizada, responsável por tarefas como rotulagem de dados, supervisão de algoritmos, ajustes de parâmetros, entre outras ações.

Os modelos de linguagem grandes e bem-sucedidos, como GPT, Gemini e Claude, entre outros, nos permitem compreender esse atual colonialismo epistêmico. Diferentemente de um arquivo de computador que armazena um livro ou um artigo na íntegra, esses modelos não copiam nem guardam textos como uma memória exata. Eles são treinados em vastos conjuntos de textos que são tokenizados. Portanto, o que eles aprendem não é o texto em si, e sim padrões estatísticos da linguagem, transformando o texto em representações matemáticas, especificamente em vetores. A tokenização é o processo de transformar palavras em unidades menores chamadas tokens, que são a expressão de um conteúdo em unidades menores (que podem ser palavras, partes de palavras ou até caracteres individuais). Vetorialização é a transformação de tokens em vetores numéricos que representam sua relação com outros termos.

Quando um modelo é treinado, ele converte palavras, frases e ideias em números organizados para identificar relações semânticas. Isso significa que palavras parecidas como "arma" e "guerra" terão representações vetoriais próximas em um espaço matemático. Essas representações permitem que o modelo preveja qual palavra vem a seguir em uma frase, sem precisar recuperar um texto exato do treinamento. Quando lemos a frase "Meu estômago estava doendo de fome", associamos o significado a experiências pessoais, aos sentidos, sabemos o que é sentir dor, já tivemos a sensação de fome depois de muito tempo sem comer. O aprendizado de máquina não sente nem considera nada disso. O modelo aprendeu que a palavra "estômago" tem uma relação estatística com a palavra "fome". Os algoritmos não entendem a fome, a dor ou quaisquer sensações, eles só repetem padrões observados no treinamento.

Modelos de linguagem como o Generative Pre-trained Transformer (GPT) e o Bidirectional Encoder Representations from Transformers (Bert) processam grandes quantidades de dados textuais e aprendem distribuições estatísticas subjacentes ao idioma. Durante o treinamento, esses modelos são colocados em contato com bilhões de palavras (tokenizadas) para extrair as regularidades estatísticas do idioma, reduzindo a redundância da informação original. Essa compressão ocorre no espaço latente, onde palavras, frases e até conceitos são mapeados para vetores de dimensão reduzida.

Nessa técnica, não são armazenados diretamente os textos originais, mas um conjunto de representações vetoriais que permitem reconstruir e prever conteúdos linguísticos. Não é pouco importante observar a diferença entre esse processo e outras técnicas computacionais de compressão de informações. Diferentemente de métodos clássicos para comprimir arquivos, como o ZIP, que comprimem dados de maneira explícita por padrões repetitivos, os modelos de aprendizado de máquina vão além da compressão superficial e realizam uma abstração semântica profunda.

O algoritmo de compactação tradicional substitui uma frase e suas palavras frequentes por códigos menores e um modelo de aprendizado transformer extrai o significado estatístico da frase, permitindo gerar novas sentenças equivalentes sem armazenar os dados originais. Quando um usuário insere uma pergunta, o modelo não busca diretamente um trecho específico do treinamento, mas reconstrói uma resposta baseada nas regularidades estatísticas aprendidas, demonstrando que o conhecimento foi comprimido e representado de forma latente.

Na primeira década do século XXI, um sociólogo que pretendesse citar um trecho de *A ética protestante e o espírito do capitalismo*, de Max Weber, buscaria o livro em sua estante ou em um arquivo digital. Ele poderia acessar o livro, encontrar a página e copiar a citação exata. Qual é a diferença entre esse procedimento e a ação realizada pela IA realmente existente quinze anos depois? O modelo de IA vai buscar a teoria weberiana, não vai recuperar diretamente o trecho do livro, mas será capaz de gerar uma resposta nova baseada nos padrões extraídos de textos sobre Weber que estavam nos dados de treinamento.

Isso significa que a IA realmente existente não funciona como uma memória exata, mas como um sistema de generalização probabilística, criando enunciados novos que seguem as tendências estatísticas do que foi aprendido. Em vez de armazenar informações palavra por palavra, os modelos de aprendizado de máquina criam mapas matemáticos que representam relações semânticas entre conceitos. O conceito de representação latente permite aprofundar nossa compreensão.

É um conceito que tem raízes na estatística clássica, mas foi desenvolvido sobretudo pelo cientista da computação Geoffrey Hinton e outros pesquisadores em redes neurais e aprendizado profundo. No texto "Learning Distributed Representations of Concepts" [Aprendizado de representações distribuídas de conceitos], de 1986,[12] Hinton propôs não usar representações locais (em que cada conceito tem um único nó). Afirmou que os modelos de aprendizado deveriam capturar padrões em um espaço vetorial contínuo, permitindo a extração de relações implícitas. Em 2024, ele recebeu o Prêmio Nobel de Física, junto com John Hopfield, por "descobertas fundamentais e invenções que permitem aprendizagem automática com redes neuronais artificiais".[13]

Em 2006, Hinton, em parceria com o cientista da computação Ruslan Salakhutdinov, escreveu "Reducing the Dimensionality of Data with Neural Networks" [Reduzindo a

12. Geoffrey E. Hinton, "Learning Distributed Representations of Concepts". *Proceedings of the Eighth Annual Conference of the Cognitive Science Society*, pp. 1–12, 1986. Disponível em: hedra.com.br/r/Ogn.

13. The Nobel Prize, "They Trained Artificial Neural Networks Using Physics". Press release, 8 out. 2024. Disponível em: hedra.com.br/r/sNf.

dimensionalidade de dados com redes neurais], publicado na revista *Science*.[14] O trabalho introduziu o conceito de Autoencoders Profundos (*Deep Autoencoders*), que aprendem representações latentes compactas de dados de alta dimensão. O artigo mostrava como as redes neurais profundas poderiam ser treinadas para representar dados em espaços de dimensões menores, uma ideia que influenciou diversos modelos e até os que usam a arquitetura transformer.

Em 2017, foi publicado o paper "Attention Is All You Need", escrito por uma equipe de engenheiros do Google Research.[15] O texto trouxe a arquitetura transformer e propôs uma mudança fundamental na área do processamento de linguagem natural. Antes dele, os textos eram processados de forma sequencial, o que criava limitações, como dificuldade em lidar com sequências muito longas e tempos de treinamento elevados. O transformer substituiu essas abordagens por um mecanismo de atenção chamado "Self-Attention", permitindo que o modelo analisasse todas as palavras de uma sentença ao mesmo tempo, em vez de processá-las uma por uma. Isso aumentou a eficiência computacional e a capacidade de capturar relações complexas entre palavras, mesmo em textos longos.

A compressão, a tokenização e a vetorialização consolidam um modo de ver a realidade. A estatística e a probabilidade foram fundamentais para que governos passassem a administrar populações por meio de regularidades e previsões numéricas, transformando a política em uma ciência

14. Geoffrey E. Hinton e Ruslan R. Salakhutdinov, "Reducing the Dimensionality of Data with Neural Networks". *Science*, v. 313, n. 5786, pp. 504–507, 2006. Disponível em: hedra.com.br/r/98O.
15. Ashish Vaswani *et al.*, "Attention Is All You Need". *Advances in Neural Information Processing Systems*, v. 30, 2017. Disponível em: hedra.com.br/r/aYz.

de controle.[16] A estatística permitiu trazer objetividade para a definição de comportamentos normais e desviantes, com implicações sociais profundas. Além disso, como nos relatou Ian Hacking,[17] a expansão da probabilidade reorganizou o modo de produção do conhecimento, incorporou a incerteza e a forma de lidar com ela e trouxe o risco para o núcleo principal das ciências, da medicina à economia. O aprendizado profundo está sendo incorporado em todos os campos científicos e parece ser a segunda onda que consolida o império da estatística e da probabilidade.

Sem dúvida, existem outras abordagens possíveis para a IA que aqui é definida como sistemas automatizados relativamente autônomos. Nestes primeiros 25 anos do século XXI, a transferência de inúmeras atividades cognitivas para esses sistemas automatizados aumentou a produtividade do sistema e permitiu extrair padrões de vastas bases de dados, muito além do que o olhar humano poderia realizar. "Nas economias avançadas, cerca de 60% dos empregos estão expostos à IA, devido à prevalência de empregos orientados para tarefas cognitivas."[18] Escritórios de advocacia, empresas de comunicação, logística, consultorias e medicina, entre outras, estão utilizando intensamente a IA para acelerar tarefas cognitivas de baixa e média complexidade. Resumos, traduções, textos padronizados, varredura de determinados textos em busca de respostas a questões específicas, tudo isso que exigia muito trabalho está sendo agora feito em segundos.

16. Michel Foucault, *Segurança, território, população*. São Paulo: Martins Fontes, 2008; Ian Hacking, "Biopower and the Avalanche of Printed Numbers". *Humanities in Society*, v. 5, n. 3/4, pp. 279–295, 1982.
17. Ian Hacking, *The Taming of Chance*, *op. cit.*
18. Mauro Cazzaniga *et al.*, *Gen-AI: Artificial Intelligence and the Future of Work*. Washington, DC: International Monetary Fund, 2024.

A IA baseada em dados, o aprendizado de máquina e o aprendizado profundo, aqui nomeados de IA realmente existente, construíram modelos extremamente úteis a uma visão de mundo na qual os principais valores e ações estão orientados pela eficiência e pela produtividade.

O cenário atual é complexo e essas tecnologias probabilísticas ajudam a deslocar parte do poder dos Estados para corporações gigantescas que adotam esquemas de extração massiva de dados e estruturas de alto processamento. Na sociedade, muitas das ações e atividades passarão a ser mediadas pelas inteligências artificiais de propriedade das big techs. Isso acelera ainda mais a extração contínua de dados das populações. O deslocamento de atividades estatais para empresas privadas adquire novo impulso com a IA realmente existente. E as big techs têm à sua frente uma nova área de expansão: os negócios da guerra.

CAPÍTULO 4

Como a IA pode montar uma máquina de alvos

A guerra não será a mesma com a incorporação militar do aprendizado de máquina e do aprendizado profundo. As Forças Armadas têm utilizado engenheiros militares em seus quadros há muito tempo e agora utilizarão cada vez mais cientistas de dados e engenheiros da computação. Se os drones alteraram bastante as ações no terreno tático, nos confrontos diretos entre as tropas a IA pode gerar aplicações que mudam muito o caráter dos combates. Estão em jogo os limites do que seria aceitável e do que compreendemos como ético diante da impossibilidade de não conseguirmos conviver em paz.

Em *Teoria do drone*, o filósofo Grégoire Chamayou, ao analisar as mudanças trazidas à guerra pelos veículos não tripulados, afirmou que a ética do guerreiro está sendo substituída pela ética do caçador.[1] Baseando-se em Carl von Clausewitz e sua clássica teoria da guerra, a ética do guerreiro valoriza o sacrifício e a exposição ao perigo de ambos os lados do combate. Trata-se de um modo de reciprocidade. Nele, o soldado tem o direito de matar por assumir igualmente o risco de morrer. Essa é a lógica da guerra. Quando uma força armada

1. Grégoire Chamayou, *Teoria do drone*. São Paulo: Cosac Naify, 2015.

profissional atua com violência letal contra a população civil, isso não pode ser considerado uma ação ética: pode ser nomeado de extermínio, assassinato ou crime de guerra.

Um drone entra em uma área urbana ou sobrevoa uma comunidade rural e lança um míssil contra um alvo que não está em uma área de combate. Essa ação não corresponde à ética do guerreiro. Isso se assemelha a uma caçada ou perseguição. Introduz a ética do caçador, que se organiza na prática unilateral de caça e execução. Como argumentou Chamayou, esse ataque é diferente do confronto com o inimigo em um campo de batalha. O atacante muitas vezes está a quilômetros de distância de sua vítima, e o caçador rastreia e elimina seus alvos sem nenhum risco. Esse tipo de ação militar consolida a doutrina contemporânea da "*hunting warfare*". O combate direto é substituído pela perseguição de indivíduos hostis ou ameaçadores, em geral classificados como terroristas. Assim, temos cada vez mais a ideia da eliminação preventiva, sem a necessidade de confronto aberto.

O aprendizado de máquina pode ser utilizado na mesma direção apontada por Chamayou. A população da nação considerada inimiga pode ser mapeada em tempos de paz, e esse mapeamento permite ranquear militarmente, em seu sentido mais amplo, os indivíduos que deveriam ser eliminados para destruir a capacidade de resistência de um país – antes mesmo do envio de tropas. Isso pode parecer inaceitável para alguns e impossível para outros. Entretanto, essa técnica foi empregada de modo extensivo pela primeira vez na atual ocupação da Faixa de Gaza, em 2023.

A base teórica do uso militar do machine learning para a fixação de alvos pode ser encontrada em *The Human-Machine Team* [Equipe humano-máquina], publicado em 2021. Segundo

Yuval Abraham, em artigo da +972 *Magazine*, o autor desse livro utilizou o pseudônimo "Brigadier General [General de brigada] Y. S".[2] Na verdade, ele seria o comandante da unidade de inteligência israelense chamada 8 200. A obra pode ser comprada no site da Amazon, que, além de vender livros, tem participado, como mostramos aqui, dos esforços de guerra de interesse norte-americano, junto com outras big techs.

Nada melhor que expor um trecho do livro do "Brigadier General Y. S.". A clareza de sua explicação é notável:

> Hoje em dia, quase todo mundo é pessoalmente alvo de aprendizado de máquina – não para descobrir a localização de seus mísseis, mas quando o Facebook usa aprendizado de máquina para sugerir possíveis amigos. Basicamente, é semelhante quando discutimos a máquina-alvo. O primeiro passo são os dados. A máquina precisa de dados suficientes sobre o campo de batalha, a população, informações visuais, dados celulares, conexões de mídia social, fotos, contatos de celular etc. Quanto mais dados e quanto mais variados, melhor. Então, no segundo passo, os dados precisam ser organizados de forma que uma máquina possa acessá-los e processá-los. Isso inclui os servidores, a maneira como as informações são armazenadas e a capacidade de vincular vários elementos das informações. A base para tudo são os dados. Sem dados relevantes suficientes, sem dados variados, sem preparar os dados de uma forma que a máquina possa processá-los, nada será alcançado. Muitas falhas na construção do aprendizado de máquina ocorreram por causa de problemas com dados. Dados são a chave para o sucesso. Podemos dizer que, quando falamos sobre a ideia de "ciência de dados", os "dados" são mais difíceis e mais críticos do que a "ciência".[3]

2. Yuval Abraham, "'Lavender': The AI Machine Directing Israel's Bombing Spree in Gaza". +972 *Magazine*, 3 abr. 2024. Disponível em: hedra.com.br/r/Ivs.
3. Brigadier General Y. S, *The Human-Machine Team: How to Create Synergy Between Human & Artificial Intelligence That Will Revolutionize Our World*. eBook-Pro Publishing, 2021, p. 61.

As big techs usam nossos dados para formar perfis de consumo e comportamento visando distribuir melhor os conteúdos pagos, em geral propaganda e venda de produtos e serviços. Essa é a principal fonte de renda das redes de relacionamento social on-line, tais como as dos grupos Meta e Alphabet. Fazem isso porque estão observando cada movimento nosso em suas plataformas. Além disso, obtêm dados dos cookies instalados em nossas máquinas. O cruzamento desses dados permite consolidar um perfil bem informado sobre nossas preferências, vontades, necessidades e, por que não, sobre nossas opções políticas, nosso posicionamento ideológico, religioso, entre tantas outras informações sensíveis.

O general de brigada Y. S considera que as Forças Armadas podem fazer o mesmo rastreamento com base em dados das redes sociais, dados dos serviços tradicionais de inteligência, dados de operadoras de telefonia e de diversas outras fontes. Dados que podem ser tratados por redes neurais treinadas para classificá-los conforme o interesse da segurança e da defesa nacionais. Nunca foi tão fácil vigiar e perseguir. Todos, ou a esmagadora maioria das populações, usam alguma rede de relacionamento social on-line ou serviços digitais em rede.

O PROJETO LAVENDER

O filósofo camaronês Achille Mbembe afirmou que a Palestina é um laboratório da necropolítica contemporânea.[4] Necropolítica é o conceito criado para definir um tipo de poder soberano que pratica o extermínio e a violência brutal sobre populações inteiras ou sobre seus segmentos selecionados.

4. Achille Mbembe, *Necropolítica*. São Paulo: n-1 edições, 2018.

Esse poder decide, a cada momento, quem deve viver e quem deve morrer. A necropolítica se dá também pela ocupação territorial para impor cercos e políticas de sofrimento contínuo que transformam certas populações em vidas descartáveis.[5] Não é por menos que o primeiro experimento de "fixação de alvos em contexto" ocorreu nas terras palestinas, em especial em Gaza.

O Projeto Lavender é um sistema de IA desenvolvido e utilizado pelas forças israelenses para identificar possíveis alvos militares na Faixa de Gaza. Ele envolveu o processamento de grande volume de dados, que incluía: interceptações de comunicações, imagens de satélite, dados de redes sociais e informações de inteligência. O objetivo é identificar indivíduos ou locais associados a grupos militantes inimigos, como o Hamas. O Lavender parece ter se inspirado no livro *The Human-Machine Team.*

> A autorização expandida do Exército israelense para bombardear alvos não militares, o afrouxamento das restrições quanto às baixas civis esperadas e o uso de um sistema de inteligência artificial para gerar mais alvos potenciais do que nunca parecem ter contribuído para a natureza destrutiva dos estágios iniciais da atual guerra de Israel na Faixa de Gaza.[6]

A proposta de atingir alvos em contexto talvez tenha sido implementada pelo Lavender. Segundo oficiais da inteligência de Israel ouvidos pelos jornalistas da +972 *Magazine*, do Local Call e de *The Guardian*, os bombardeios eram alimentados por uma base de dados que tinha 37 mil alvos com diversos graus

5. *Ibid.*
6. Yuval Abraham, "'A Mass Assassination Factory': Inside Israel's Calculated Bombing of Gaza". +972 *Magazine*, 30 nov. 2023. Disponível em: hedra.com.br/r/FrW.

de ligações com o Hamas. Provavelmente, a base de dados já estava constituída bem antes do início do confronto.

"Isso é incomparável, na minha memória", disse um oficial de inteligência que usou o Lavender, acrescentando que havia mais fé em um "mecanismo estatístico" do que em um soldado em luto. "Todos lá, inclusive eu, perderam pessoas em 7 de outubro. A máquina fez isso friamente. E isso tornou tudo mais fácil."[7]

O Lavender oferecia um conjunto de pessoas que deveriam ser exterminadas em bombardeios. Nessa guerra que começou em outubro de 2023, os oficiais da inteligência de Israel entrevistados por Yuval Abraham não titubearam ao afirmar que a aprovação dos ataques a alvos humanos foi acelerada. A Unidade 8 200 das Forças de Defesa de Israel refinou os algoritmos e alterou os parâmetros do Lavender. O modelo foi avaliado nas primeiras semanas, e os militares calcularam que havia atingido uma taxa de precisão de 90%, o que validou o Lavender como uma ferramenta de recomendação de alvos.[8] O Exército israelense não confirmou a existência do sistema, tampouco que os alvos foram fixados com auxílio da IA. Em nota ao jornal britânico, as Forças de Defesa de Israel afirmaram:

A organização terrorista Hamas coloca, como método de operação, seus agentes e ativos militares no coração da população civil. Ela faz uso sistemático da população civil como escudo humano e conduz o combate de dentro de edifícios ostensivamente civis, como prédios residenciais, hospitais, mesquitas, escolas e instalações da ONU. Ao contrário do Hamas, as Forças de Defesa de Israel estão comprometidas com o direito internacional e agem de acordo com

7. Bethan McKernan e Harry Davies, "'The Machine Did It Coldly': Israel Used AI to Identify 37,000 Hamas Targets". *The Guardian*, 3 abr. 2024. Disponível em: hedra.com.br/r/qas.
8. *Ibid.*

isso. Como tal, direcionam seus ataques apenas para alvos militares e agentes militares e realizam ataques segundo as regras de proporcionalidade e precauções em ataques. Incidentes excepcionais passam por exames e investigações minuciosas.[9]

Quem conhece um pouco da história das ações das forças militares israelenses poderia considerar a nota completamente descabida e desinformativa. Além disso, em setembro de 2024 as Forças de Defesa de Israel explodiram quase simultaneamente milhares de pagers para incapacitar e eliminar supostos militantes do Hezbollah.[10] O resultado foi a morte de doze pessoas, entre elas duas crianças e dois profissionais de saúde. Mais de 2 800 pessoas ficaram feridas no Líbano.[11] A lógica é quase a mesma que a do Lavender. A proposta é mapear os inimigos e eliminá-los em casa antes que tenham a oportunidade de agir. A lógica é a do caçador.

O Projeto Lavender utilizou o aprendizado de máquina profundo para classificar e ranquear dados de dezenas de milhares de indivíduos, sobretudo membros predominantemente de baixa patente da ala militar do Hamas. Segundo as fontes da inteligência entrevistadas e publicadas no jornal *The Guardian*, a base de dados do Lavender "foi usada junto com outro sistema de suporte à decisão baseado em IA, chamado The Gospel, que recomendava prédios e estruturas como alvos em vez de indivíduos".[12] Muitos militantes ou supostos militantes do Hamas foram mortos em casa junto

9. "Israel Defence Forces' Response to Claims about Use of 'Lavender' AI Database in Gaza". *The Guardian*, 3 abr. 2024. Disponível em: hedra.com.br/r/GlX.
10. Humans Rights Watch, "Lebanon: Exploding Pagers Harmed Hezbollah, Civilians". Human Rights Watch, 18 set. 2024. Disponível em: hedra.com.br/r/Zef.
11. *Ibid.*
12. Bethan McKernan e Harry Davies, "'The Machine Did It Coldly': Israel Used AI to Identify 37,000 Hamas Targets", *op. cit.*

com familiares e vizinhos. Os mísseis não visavam apenas a posições fortificadas de defesa do Hamas. A proposta é atingir o inimigo em seu habitat.

As informações obtidas pela +972 *Magazine* confirmam a existência de outro programa, chamado Where's Daddy? [Onde está papai?].[13] Trata-se de um sistema de rastreamento de alvos e geolocalização para a detecção de alvos com a finalidade de segui-los até a residência familiar para serem atacados. Provavelmente, algumas bases de dados são cruzadas com informações de câmeras e sensores, além dos padrões obtidos das redes sociais. Todos esses sistemas algorítmicos de otimização da vigilância e estabelecimento de alvos requerem alto processamento e treinamento de modelos para que possam receber novos inputs e realizar novas inferências.

O sistema conhecido como The Gospel também foi utilizado. Sua finalidade era apresentar aos responsáveis pelas operações de ataque um conjunto de prováveis edifícios e estruturas onde os supostos militantes do Hamas poderiam estar operando. Junto com os programas Lavender e Where's Daddy?, temos uma linha de montagem de ações de extermínio que envolve coleta de dados que alimentam sistemas de aprendizado profundo, treinados nas nuvens das big techs e com a consultoria e a modelagem realizadas pelas corporações do vale do Silício.

"Durante o período em que servi na sala de alvos [entre 2010 e 2015], era necessária uma equipe de cerca de vinte oficiais de inteligência trabalhando por cerca de 250 dias para reunir algo entre 200 e 250 alvos", disse à *Time* Tal Mimran, professor da Universidade Hebraica

13. Yuval Abraham, "'Lavender': The AI Machine Directing Israel's Bombing Spree in Gaza", *op. cit.*

de Jerusalém e ex-consultor jurídico das Forças de Defesa de Israel. "Hoje, a IA faz isso em uma semana."[14]

A Open AI, grande parceira da Microsoft Azure, afirmava que suas políticas de uso não permitiam que os clientes empregassem seus modelos de IA para desenvolver armas ou causar danos a pessoas. Contudo, modelos avançados de IA da plataforma de nuvem Azure foram oferecidos às Forças Armadas israelenses, como mostram documentos e dados vazados e divulgados na imprensa. É importante ressaltar que há alguns meses a Open AI alterou seus termos de uso para permitir "casos de uso de segurança nacional alinhados com nossa missão".[15]

ALVOS EM CONTEXTO

Imagine se a ditadura militar argentina, chilena ou brasileira tivessem tido acesso a essas tecnologias de extermínio. Ainda bem que não tinham. O problema é que governos autoritários e totalitários que praticam a necropolítica e são capazes de aplicar métodos de tortura, como os Estados Unidos, estão agora capacitados a empregar o aprendizado de máquina profundo para servir aos seus interesses estratégicos, sejam eles econômicos ou geopolíticos.

O capítulo 3 do livro *The Human-Machine Team* tem o sugestivo título "Deep Defense" [Defesa profunda]. É uma evidente alusão ao deep learning ou aprendizado profundo. O militar-

14. Yasmeen Serhan, "How Israel Uses AI in Gaza – and What It Might Mean for the Future of Warfare". *Time*, 18 dez. 2024. Disponível em: hedra.com.br/r/b1g.
15. Michael Biesecker, Sam Mednick e Garance Burke, "As Israel Uses US-Made AI Models in War, Concerns Arise about Tech's Role in Who Lives and Who Dies". *The Associated Press*, 18 fev. 2025. Disponível em: hedra.com.br/r/g9I.

-autor propõe uma leitura histórica, afirmando que as guerras e conflitos atuais são assimétricos, ou seja, não seguem a lógica de um combate entre forças regulares. A ideia-força é que a natureza do conflito mudou. A guerra assimétrica é feita contra atores não estatais, com táticas diversas que envolvem o terrorismo e a mobilização social de segmentos massivos da sociedade. Portanto, a qualquer momento qualquer pessoa pode ser recrutada para um grupo de combatentes. Isso exige vigilância em larga escala. Todos são potencialmente suspeitos. Edward Snowden nos mostrou isso com muita nitidez em 2013.

Nesse novo cenário de guerra, o papel da chamada inteligência, da espionagem, ou melhor, da vigilância permanente, é fundamental para a defesa nacional. O militar-autor entende que a IA transformará as organizações de segurança e substituirá funções tradicionais de inteligência por máquinas capazes de processar grandes volumes de dados. Diante disso, propõe a doutrina da defesa profunda. Sua principal capacidade é criar "alvos em contexto", ou seja, milhares de alvos humanos antes e durante a guerra, com muita precisão, minimizando danos colaterais. O militar-autor se apresenta no livro como uma pessoa muito preocupada em exterminar apenas a quantidade necessária de oponentes.

Os oficiais, soldados e agentes apoiados pelo aprendizado de máquina profundo formam uma equipe humano-máquina (*human-machine team*). Como a IA pode processar grandes volumes de dados, ela permite identificar toda uma população e separar seus integrantes perigosos e possíveis militantes e combatentes. Basta treinar um modelo de aprendizado para identificar os traços do grupo inimigo: como falam, o que gostam, o que odeiam, seus traços comportamentais, entre outras informações que podem ser obtidas em redes sociais. Em seguida, o modelo pode ser adotado também para diferenciar líderes maiores dos menores, chefes e militantes. Bots podem ser usados para seguir o cotidiano de cada possível alvo identificado em tempo de paz. De certo modo, a Cambridge Analytica, envolvida na disseminação de desinformações em 2016, na primeira eleição de Trump e na vitória do Brexit, utilizou o machine learning para mapear com psicometria milhares de eleitores. Não para definir alvos para mísseis, mas para manipular intenções de voto. Usos diferentes de dados comportamentais.

O militar-autor argumentou que a implementação da IA nas organizações de segurança pode levar muito tempo. As Forças Armadas podem ter muita dificuldade para lidar com dados relevantes. Além disso, as organizações de inteligência costumam manter o monopólio sobre os dados significativos a respeito do inimigo, e essa compartimentação pode dificultar a colaboração e o uso eficiente da informação. Segundo o militar-autor, é necessário operar a integração entre inteligência e ataque (*intelligence-fire connection*). Em muitas Forças Armadas, a inteligência e o ataque são processos separados. A IA permite uma integração mais eficiente entre esses dois aspectos, garantindo que os alvos sejam atacados no momento certo e com as armas adequadas.

"Alvos em contexto" se referem à capacidade de identificar e atacar alvos militares com base em informações contextuais, como a localização exata, o momento ideal para o ataque e a minimização de danos colaterais. A escala deve ser a maior possível, uma vez que é preciso que, antes de a guerra começar, as Forças Armadas tenham dezenas de milhares de alvos que precisarão ser atualizados durante o conflito.

Essa atualização serve para gerar milhares de novos alvos enquanto a guerra se desenrola.

Com a IA sendo aplicada em campos como a visão computacional para analisar milhares de imagens dos drones e satélites, e para examinar os resultados da interceptação de comunicações em massa, a realidade do inimigo vai sendo desvendada para além da neblina da guerra. O aprendizado profundo também pode ser utilizado para implementar as fronteiras inteligentes (*smart borders*) com drones, dispositivos robóticos e sensores. O militar-autor defende ainda que a IA pode ser usada para influenciar diferentes audiências, moldando a percepção da realidade durante conflitos.

O trabalho da guerra é cada vez mais um trabalho de dados. A IA cria modelos baseados em características fortes (como dados confidenciais) e características diversas (como mudanças frequentes de endereço ou aquisição de novos celulares), permitindo a identificação de alvos ocultos. Para o militar-autor, o primeiro passo é coletar e organizar dados relevantes sobre o campo de batalha, a população e atividades suspeitas. O modelo pode ser treinado para prever a localização de alvos com base em dados históricos e tempo real. Posteriormente, o modelo treinado deve ser ajustado para melhorar a precisão, usando dados conhecidos para refinar as previsões. Assim, a IA poderá prever a localização dos alvos e sugerir o melhor horário e o melhor local local para que eles tenham maior probabilidade de serem eliminados. Lançadores de foguetes do Hezbollah podem ser detectados e neutralizados antes que possam atuar, exemplificou o militar-autor.

A Segunda Guerra do Líbano (2006) e operações militares subsequentes contaram com sistemas automatizados para processar dados de inteligência; no entanto, esses sistemas eram mais limitados em termos de capacidade de processamento e integração de dados em tempo real. Na guerra entre Rússia e Ucrânia, as inteligências artificiais têm sido utilizadas para reconhecimento de imagens e análise de dados, mas não parece haver algo próximo ao Projeto Lavender, nem mesmo a proposição da técnica de "alvos em contexto". O mais assustador é a possibilidade de dados de redes de relacionamento social e outros dispositivos de comunicação cotidiana serem empregados para fins militares.

Antes de 2023, nos momentos prévios à guerra na Faixa de Gaza, funcionários das big techs alertaram que as corporações estavam servindo à montagem de uma máquina de vigilância e extermínio.[16] O Projeto Nimbus, de Israel, em vigor desde julho de 2021, gerou um contrato de 1,2 bilhão de dólares por meio do qual o Google e a Amazon fornecem ao governo e aos militares israelenses serviços de IA e de nuvem. Materiais de treinamento de aprendizado profundo analisados pelo portal The Intercept indicam que imagens foram utilizadas para detectar rostos, marcas faciais e emoções, além de rastrear objetos em vídeos.[17]

O grande problema é a aliança entre empresas que têm dados comportamentais e sensíveis de percentuais elevados da população de diversos países e as Forças Armadas. Obviamente, o país que tem empresas com dados extraídos da população de quase todas as nações do planeta é apenas um. A China, até o momento, não tem dados da população mun-

16. Athena, "500+ Google Workers and Community Activists Protest Company's Business Relationship with Israel; Claim 'Google Fuels First AI-Powered Genocide' ". Press releases, 14 dez. 2023. Disponível em: hedra.com.br/r/Coh.
17. Julia Love e Davey Alba, "Some Google Workers Protest $1.2 Billion Israeli Contract". *Law.com*, 1 set. 2022. Disponível em: hedra.com.br/r/Shy.

dial na mesma escala que os Estados Unidos. A alteração da lógica e do cenário da guerra defendida pelos militares de países como EUA e Israel parece exigir uma ação global para evitar que a guerra preventiva se torne uma guerra de extermínio permanente, uma caçada sem fim.

ENCONTRAR, RASTREAR E MIRAR

Metadados são "dados sobre dados", ou seja, informações que descrevem outros dados. Se o conteúdo de um e-mail pode conter os dados, o cabeçalho do e-mail são os metadados. Eles permitem que se saibam o remetente, o destinatário, a data e o horário de envio e o assunto. Parecem pouco importantes, mas não são. A análise dos metadados de e-mails dá informações precisas sobre as pessoas, suas redes de relacionamento, seus interesses, suas viagens e suas rotinas, entre outras revelações sensíveis.

Em um artigo, o professor de direito e políticas públicas David Cole relatou que o conselheiro geral da National Security Agency (NSA), Stewart Baker, disse que os "metadados dizem absolutamente tudo sobre a vida de alguém. Se você tem metadados suficientes, você realmente não precisa de conteúdo".[18] Ao citar essa passagem em um debate na Universidade Johns Hopkins, Cole ouviu de seu oponente, o general Michael Hayden, ex-diretor da NSA e da CIA, que o comentário de Baker era "absolutamente correto", finalizando com uma revelação: "Nós matamos pessoas com base em metadados".[19] Estarrecedor, mas extremamente real.

18. David Cole, "We Kill People Based on Metadata". *The New York Review*, 10 maio 2014. Disponível em: hedra.com.br/r/iEk.
19. *Ibid.*

Não podemos esquecer que os sistemas de coleta de metadados e dados são sistemas algorítmicos. A pesquisadora Elke Schwarz argumenta que a confiança excessiva em sistemas automatizados pode desembocar no viés de automação.[20] O que isso quer dizer? Com o tempo, os agentes responsáveis pela operação dos sistemas passam a aceitar passivamente as decisões algorítmicas sem questioná-las. Esse comportamento é agravado sob a pressão do tempo, em conflitos reais. Para Schwarz, a ideia de um "controle humano significativo" sobre sistemas autônomos letais não passa de ilusão. A complexidade e a velocidade das decisões algorítmicas superam a capacidade humana de supervisão eficaz.[21]

Ao tratar das operações militares israelenses na Faixa de Gaza, Elke Schwarz nos lembra da expressão militar "*sensor-to-shooter timeline*", ou "linha do tempo sensor-atirador".[22] Ela se refere ao tempo decorrido entre a detecção de um alvo a partir de sensores ou sistemas de IA e o momento em que um ataque é realizado pelo disparo de um míssil, pela artilharia ou por um drone. O objetivo militar tem sido reduzir esse tempo, o que implica agir mais rápido que o inimigo, aumentando a eficácia e a letalidade.

Sistemas como o Lavender levantam muitas questões éticas relativas a dados de treinamento, vieses, precisão, taxas de erro e, mais importante, questões de viés de automação. O viés de automação cede toda autoridade, incluindo autoridade moral, à interface imparcial do processamento estatístico.

20. Elke Schwarz, "Autonomous Weapons Systems, Artificial Intelligence, and the Problem of Meaningful Human Control". *Philosophical Journal of Conflict and Violence*, v. 5, n. 1, pp. 53–72, 2021. Disponível em: hedra.com.br/r/FM1.
21. *Ibid.*
22. *Id.*, "Gaza War: Israel Using AI to Identify Human Targets Raising Fears That Innocents Are Being Caught in the Net". *The Conversation*, 12 abr. 2024. Disponível em: hedra.com.br/r/jk6.

Velocidade e letalidade são as palavras de ordem para a tecnologia militar. Mas, ao priorizar a IA, o escopo para a agência humana é marginalizado. A lógica do sistema exige isso, devido aos sistemas cognitivos comparativamente lentos do humano. Também remove o senso humano de responsabilidade pelos resultados produzidos por computador.[23]

A ampliação da capacidade de converter cada vez mais elementos do cotidiano em fluxos de dados fortalece a perspectiva da datafícação da guerra. Com ela, o viés de automação se une ao dataísmo, crença absoluta nos dados.[24] Essa junção parece ser tão atraente que o militar-autor de *The Human-Machine Team* escreveu: "Na Era da Informação, os dados são parte da realidade. Em outras palavras, quando influenciamos os dados, mudamos a realidade".[25] O atual avanço do poder computacional e da IA reforçam muitas esperanças militares. O então chefe do Estado-Maior da Força Aérea dos Estados Unidos, Ronald R. Fogleman, profetizou em outubro de 1996: "No primeiro quarto do século XXI, será possível encontrar, consertar ou rastrear e mirar em qualquer coisa que se mova na superfície da Terra".[26]

Machine learning é uma tecnologia para aprender por meio do big data que você tem para gerar as informações que você não tem. Machine learning para a fabricação de alvos significa descobrir lugares desconhecidos e milhares de alvos novos. Uma "máquina de alvos" usa dados para responder a perguntas sobre os esconderijos do seu inimigo e para tirar conclusões dos dados e fazer previsões. Essa máquina tem um novo potencial para lidar com big data, algo

23. *Ibid.*
24. José van Dijck, "Datafication, dataism and dataveillance", *op. cit.*
25. Brigadier General Y. S, *The Human-Machine Team, op. cit.*, p. 56.
26. John A. Tirpak, "Find, Fix, Track, Target, Engage, Assess". *Air & Space Forces Magazine*, 1 jul. 2000. Disponível em: hedra.com.br/r/Sat.

que um cérebro humano não consegue fazer sozinho. O processo é construído em várias etapas, cada uma ocorrendo após a outra. As principais etapas são coletar dados, prepará-los, escolher um modelo, treinar, avaliar, ajustar hiperparâmetros e prever.[27]

Um relatório encomendado pela Força Aérea dos Estados Unidos à RAND Corporation chamado "Understanding the Limits of Artificial Intelligence for Warfighters" [Compreendendo os limites da inteligência artificial para combatentes] foi publicado em janeiro de 2024. Nele, os pesquisadores chegaram a uma série de conclusões, entre as quais enfatizaram que "não se pode confiar nos algoritmos de classificação de IA para aprender o que não lhes foi ensinado. A IA não previu nem reconheceu novos tipos de ataques cibernéticos". Outra conclusão interessante é que "a IA é taticamente brilhante, mas estrategicamente ingênua". Generais e oficiais precisam coletar e organizar dados atualizados, armazená-los e prepará-los de modo adequado. Se, por um lado, o relatório deixa claros os limites da IA, por outro, reforça a necessidade de dataficação. E a obtenção de amplas bases de dados passa a ser um objetivo das Forças Armadas.

Em uma primorosa coletânea de textos de Herbert Marcuse intitulada *Tecnologia, guerra e fascismo*, o filósofo rejeita a ideia de um fatalismo e um determinismo ontológico da tecnologia.[28] Se Heidegger pensou a tecnologia como um "destino" metafísico a que estamos aprisionados, Marcuse a apresentou como um produto histórico, definido pelos embates políticos e sociais. A tecnologia molda não apenas a produção, mas também a cultura e a percepção da realidade. Por

27. Brigadier General Y. S, *The Human-Machine Team*, *op. cit.*, p. 60.
28. Herbert Marcuse, *Tecnologia, guerra e fascismo*. São Paulo: Editora da Unesp, 1999.

exemplo, a organização científica do trabalho implementada pelo taylorismo e pelo fordismo, além de aumentar a produtividade, disciplinou corpos e mentes. As tecnologias, ao serem aplicadas, geram dependências, costumes, facilidades, acabam modulando comportamentos e modos de ver. Por isso, as tecnologias de fixação de alvos a partir dos modelos treinados para detectar nas redes sociais on-line os possíveis inimigos são algo que pode gerar claramente a acomodação ao viés de automação.

A guerra baseada em dados e travada com as definições do aprendizado profundo é um conflito letal sustentado na estatística e na probabilidade. Elke Schwarz ressaltou um pensamento extremamente relevante do pesquisador militar Christopher Coker, que defendeu que, ao utilizarmos constantemente determinadas ferramentas, elas acabam moldando nossa visão de mundo.[29] Não seria exagero afirmar que vivemos uma época da ascensão da guerra algorítmica. Os sistemas automatizados, entre eles a IA baseada em aprendizado profundo, são alimentados por volumes massivos de dados, extraindo padrões invisíveis ao olho humano. Eles prometem eficiência, precisão e redução de erros, mas também introduzem a lógica probabilística como uma ditadura epistêmica. Esse novo paradigma praticamente converte o conflito em um embate matemático, no qual os sistemas automatizados, rodando sobre infraestruturas de alto poder computacional, substituem a intuição humana e a experiência tática.

Assim, a IA realmente existente aplicada a contextos militares automatiza a identificação de alvos, classificando indivíduos como ameaças com base em correlações estatísticas. Dissemina a ideia de que a guerra pode ser travada como um

29. Elke Schwarz, "Gaza War", *op. cit.*

problema de otimização. Nessa perspectiva, a vitória ou o sucesso são definidos por métricas de neutralização ou aniquilação de inimigos. Com isso, reduzimos os custos morais das decisões, desumanizamos os inimigos e coisificamos as populações, vistas apenas como dados dentro de modelos matemáticos. Quando o inimigo se torna um registro de dado em um cluster, a violência se torna um ato atenuado, invisibilizado e administrativo.

CAPÍTULO 5

Complexo militar-industrial-datafcado

A expressão "complexo militar-industrial" foi popularizada pelo presidente norte-americano Dwight D. Eisenhower em seu discurso de despedida da Presidência em 1961.[1] Ela se refere à articulação das instituições militares com a grande indústria de armamentos para compor uma permanente economia de guerra. Eisenhower alertou, naquele discurso, sobre os riscos que essa articulação trazia para a democracia e para a paz. Afirmou que "nos conselhos de governo, devemos nos proteger contra a aquisição de influência injustificada, seja ela buscada ou não, pelo complexo industrial-militar".[2]

Embora tenha alertado sobre os riscos de desvios antidemocráticos do complexo industrial-militar, Eisenhower nunca se propôs a avançar demasiadamente em seu controle. É importante ler o discurso dele para compreendermos o papel efetivo desse complexo desde o fim da Segunda Guerra Mundial:

1. Dwight Eisenhower, "President Dwight D. Eisenhower's Farewell Address, 1961". National Archives, Milestone Documents, 1961. Disponível em: hedra.com.br/r/c93.
2. *Ibid.*

Um elemento vital para manter a paz é nosso estabelecimento militar. Nossas armas devem ser poderosas, prontas para ação instantânea, para que nenhum agressor em potencial seja tentado a arriscar sua própria destruição.

Nossa organização militar atual tem pouca relação com aquela conhecida por qualquer um dos meus antecessores em tempos de paz, ou mesmo pelos combatentes da Segunda Guerra Mundial ou da Guerra da Coreia.

Até o último dos nossos conflitos mundiais, os Estados Unidos não tinham indústria de armamentos. Os fabricantes norte-americanos de arados poderiam, com o tempo e conforme necessário, fazer espadas também. Mas agora não podemos mais arriscar a improvisação emergencial da defesa nacional; fomos compelidos a criar uma indústria de armamentos permanente de vastas proporções. Somado a isso, 3,5 milhões de homens e mulheres estão diretamente envolvidos no estabelecimento da defesa. Por ano, gastamos em segurança militar mais do que a renda líquida de todas as corporações dos Estados Unidos.

Essa conjunção de um imenso estabelecimento militar e uma grande indústria de armas é nova na experiência norte-americana. A influência total – econômica, política, até mesmo espiritual – é sentida em cada cidade, cada casa estadual, cada escritório do governo federal. Reconhecemos a necessidade imperativa desse desenvolvimento. No entanto, não devemos deixar de compreender suas graves implicações. Nosso trabalho, recursos e meios de subsistência estão todos envolvidos; assim como a própria estrutura de nossa sociedade.

Nos conselhos de governo, devemos nos proteger contra a aquisição de influência injustificada, seja ela buscada ou não, pelo complexo militar-industrial. O potencial para a ascensão desastrosa de poder mal direcionado existe e persistirá.

Nunca devemos deixar que o peso dessa combinação ponha em risco nossas liberdades ou processos democráticos. Não devemos tomar nada por garantido. Somente uma cidadania alerta e informada pode compelir a combinação adequada da enorme maquinaria industrial e militar de defesa com nossos métodos e objetivos pacíficos, para que a segurança e a liberdade possam prosperar juntas.

De modo semelhante, e em grande parte responsável pelas mudanças radicais em nossa postura industrial-militar, tem sido a revolução tecnológica das últimas décadas.

Nessa revolução, a pesquisa se tornou central; ela também se torna mais formalizada, complexa e custosa. Uma parcela cada vez maior é conduzida para o governo federal, por ele ou sob sua direção.

Hoje, o inventor solitário, mexendo em sua loja, foi ofuscado por forças-tarefa de cientistas em laboratórios e campos de teste. Da mesma forma, a universidade livre, historicamente fonte de ideias livres e descobertas científicas, experimentou uma revolução na condução da pesquisa. Em parte devido aos enormes custos envolvidos, um contrato governamental se torna praticamente substituto para a curiosidade intelectual. Para cada quadro-negro antigo, agora há centenas de novos computadores eletrônicos.

A perspectiva de dominação dos acadêmicos do país – por meio de empregos federais, alocações de projetos e o poder do dinheiro – está sempre presente e deve ser seriamente considerada.

No entanto, ao respeitar, como deveríamos, a pesquisa e a descoberta científica, também precisamos ficar alertas para o perigo igual e oposto de que a política pública possa se tornar prisioneira de uma elite científico-tecnológica.

É tarefa da arte de governar moldar, equilibrar e integrar essas e outras forças, novas e antigas, conforme os princípios do nosso sistema democrático, sempre visando aos objetivos supremos da nossa sociedade livre.[3]

O discurso de Eisenhower traz componentes do poder imperialista que permanecem até hoje. Ele descreveu a indústria de guerra como parte do cotidiano das cidades norte-

3. *Ibid.*

-americanas. Destacou que as armas desse complexo militar-industrial deveriam ser tão poderosas e destrutivas a ponto de inibir quaisquer potências estrangeiras. O papel intimidador do complexo deveria ser descomunal. A prontidão também se tornou fator inibidor de qualquer ataque. Além disso, o complexo militar-industrial foi ampliando seu poder político e científico quanto mais se tornou indispensável para as guerras e para a economia. Há uma interligação e uma rede de interesses.

Em "The Pentagon System", artigo publicado em 1993, o filósofo e linguista Noam Chomsky afirmou de modo contundente que em 1948 a economia norte-americana iniciava uma nova recessão.[4] Obviamente, o Estado precisaria intervir para manter a economia privada. O presidente Harry Truman utilizou "os gastos da Guerra Fria" como uma fórmula mágica para injetar muito dinheiro na economia. Chomsky chamou essa dinâmica de "alternativa militar keynesiana", que é melhor para as classes dominantes, já que mantém as decisões de alocação de recursos públicos longe da população, uma vez que gastos em defesa nacional, sobretudo em armamentos, não devem ser discutidos amplamente por serem informações de interesse militar. Os negócios da guerra podem não ser animadores para as democracias, mas podem ser estimulantes para a economia.

A articulação entre os poderes militar, econômico e político também foi descrita e teorizada pelo sociólogo Wright Mills, em 1956, no livro *A elite do poder*. Note-se que o livro foi lançado antes do discurso de Eisenhower. Mills trouxe uma análise original das classes dirigentes dos Estados Unidos a

4. Noam Chomsky, "The Pentagon System". *Z Magazine*, fev. 1993. Disponível em: hedra.com.br/r/NH7.

partir da teoria das elites. "Como outros países, os Estados Unidos nasceram pela violência, mas numa época em que a guerra não parecia ser uma característica dominante da sociedade humana", afirma.[5] Mills produziu um texto fluido e envolvente, apresentando o entrelaçamento da cúpula militar com as grandes corporações e o núcleo político do governo. Mostrou os caminhos da formação de uma rede de poder pouco transparente, mas extremamente influente na condução dos Estados Unidos.

Mills decompôs o "triângulo de poder" da elite norte-americana: grandes empresários, altos funcionários do governo e os senhores da guerra. Nem sempre foi assim, mas após a Segunda Guerra Mundial a influência e o status das lideranças militares ultrapassaram o campo estritamente bélico e conquistaram posições para a tomada das decisões políticas e econômicas de alto nível. Isso porque os generais e altos oficiais não se mantiveram isolados na esfera militar. Passaram a se aproximar das elites corporativas e políticas, participando de conselhos, comitês e processos decisórios que afetavam todo o país. Como nas ficções do Homem de Ferro, Tony Stark é amigo dos militares e os militares são amigos dos empresários da indústria da guerra.

O elemento mais contundente que Mills captou em sua análise foi a existência de uma "economia de guerra" ou "estado de preparação permanente" impulsionado pela ascensão política e social das lideranças militares. O alto escalão das Forças Armadas passou a ter influência direta na formulação de políticas externas e internas, sobretudo naquelas ligadas aos gastos com defesa, principalmente com a emergência da Guerra Fria. Nesse cenário, Mills descreveu a elite

5. Charles Wright Mills, *A elite do poder*. Rio de Janeiro: Zahar, 1981, p. 210.

militar como um grupo que compartilhava visões e valores com executivos de grandes empresas (em especial do setor de defesa) e com políticos das esferas mais altas, resultando num círculo fechado de poder.

Apesar de não usar a expressão "complexo militar-industrial", Mills, de certo modo, descreveu sua evolução. Tratou o Pentágono como um centro nervoso do poder militar norte-americano que atuava muito além da mera organização das Forças Armadas. O Pentágono, em Mills, é tratado quase como uma máquina ou uma engrenagem que conecta os altos oficiais militares às corporações e às esferas governamentais. Dali se estruturaram interesses convergentes.

A mudança captada por Wright Mills com a crescente presença militar no cotidiano dos EUA remete ao tema do jornalista e historiador norte-americano Nick Turse. No livro *The Complex*,[6] Turse demonstra que o complexo industrial-militar ultrapassou todos os alertas sobre seus graves riscos, alguns apontados por Eisenhower no discurso de 1961. Para Turse, o "complexo militar-industrial" norte-americano se expandiu de tal forma que hoje está profundamente enraizado em quase todos os aspectos do cotidiano civil – envolvendo muitas marcas de consumo popular, de entretenimento, universidades e empresas diversas.

A tese de Turse é que o complexo militar-industrial envolve, além dos grandes fabricantes de armas, corporações multinacionais e grandes marcas de consumo, a academia e inúmeros grupos de pesquisa, empresas de software, estúdios de cinema e grupos de mídia, pequenos negócios e serviços locais, desde redes de cafeterias até transportadoras,

6. Nick Turse, *The Complex: How the Military Invades Our Everyday Lives*. Nova York: Macmillan, 2009.

passando por restaurantes e fabricantes de bens de consumo que vivem em torno das necessidades dos militares. Assim, é cada vez mais difícil identificar os limites entre os negócios civis e o poderio militar. Tal constatação ultrapassa a preocupação da "influência indevida" que Eisenhower trouxe em seu discurso de 1961.

No centro de poder ou no centro coordenador desse complexo estaria o Pentágono, a sede do Departamento de Defesa dos Estados Unidos. Turse não considera o Pentágono como mero comprador ou cliente da indústria da guerra. Trata-se de um financiador e influenciador de diversas atividades econômicas, tecnológicas, midiáticas e culturais. Como investidor e definidor de investimento, o Pentágono desenvolve muitos projetos que repercutem na academia, no mercado e em toda a sociedade norte-americana. Manipulando um orçamento gigantesco e suas múltiplas conexões, ele está no epicentro de um ecossistema de interesses que mistura necessidades militares e civis.

A GUERRA VIRTUOSA

O professor e pesquisador australiano James Der Derian lançou a noção de "guerra virtuosa" para descrever as intervenções militares justificadas por valores éticos e princípios ocidentais louváveis como democracia, direitos humanos e pacificação. Em 2001, Der Derian publicou *Virtuous War: Mapping the Military-Industrial-Media-Entertainment Network* [Guerra virtuosa: Mapeando a rede militar-industrial-midiática-de-entretenimento], livro no qual descreve sua pesquisa, que descortinou a ilusão da guerra limpa e moralmente necessária que obscurecia ou escondia os reais custos humanos e objetivos efetivos da empreitada militar.

A guerra virtuosa se consolidava por meio da guerra virtualizada. As tecnologias e as simulações pareciam trazer a continuação da guerra por outros meios. O ataque reluzente a Bagdá, no Iraque, filmado como um game e transmitido em rede de televisão para todo o mundo, parecia consolidar a guerra cirúrgica, eficiente, sem baixas, sem os famosos "sacos pretos" do Vietnã, e surpreendentemente higiênica. Enfim, a tecnologia parecia purificar a guerra. Der Derian, com sua descrição que se assemelhava a um antropólogo acompanhando William Gibson pelo ciberespaço, enunciava que a guerra virtuosa era mais do que uma nova forma de violência organizada, era uma alucinação consensual.

Talvez a grande contribuição de Der Derian tenha sido apresentar as mutações do complexo militar-industrial de Eisenhower, convertido em uma "rede militar-industrial-midiática-de-entretenimento" que tem a capacidade tecnológica de impor a violência à distância, reduzindo as baixas de suas forças de agressão. O imperativo está na alta tecnologia ou tecnologia de ponta e no baixo risco militar das ações de ataque, sempre em defesa de valores nobres e executando a violência de longe. Ao nomear os EUA de deus ex machina unilateral da política global, o professor australiano descreve como praticam a convergência de simuladores, videogames, ciborgues, espetáculos da mídia e filmes de guerra em um elixir ideológico que ganha corações e mentes para a guerra virtuosa, altamente tecnológica, que torna o inimigo mera imagem ou pixel a ser apagada na tela.

Enquanto filmes, jogos e simulações banalizavam a violência e glorificavam a guerra na indústria do entretenimento, a mídia praticava a cobertura jornalística que legitimava ações militares. Foi assim na invasão do Iraque. Atualmente, com a popularização da internet, as imagens do resultado dos ataques minaram ou puseram em dúvida a limpeza e a precisão dos ataques. No entanto, a extrema direita avançou tanto que logrou colocar um presidente como Donald Trump na Casa Branca, banalizando a violência e clamando pela substituição da diplomacia e da linguagem pela violência. O livro de James Der Derian, lançado no início do século XXI, dificilmente poderia ter captado que a evolução dessa perspectiva de guerra virtuosa cruzaria anos depois com o fenômeno da expansão da extrema direita mundial hegemonizada pelo neofascismo.

Influenciado pela perspectiva deleuziana, o pesquisador nos revelou o papel do virtual como uma dimensão crucial da realidade. A virtualização parecia ter sido capturada pelos senhores da guerra para naturalizar os conflitos como uma solução técnica moralmente aceitável. As tecnologias cibernéticas cada vez mais sofisticadas criam uma distância psicológica confortável entre os combatentes e as vítimas. Nesse sentido, Der Derian nos mostrou que a guerra, como um conjunto de atos virtuais, atualiza o extermínio, sem o incômodo do sangue, da poeira, dos odores, do suor, da sensação de assassinato. "As guerras, quando simuladas, tendem a perder sua história de sangue e engano."[7]

> Em termos técnicos menos poéticos e mais imediatos, testemunhei a continuação virtual da guerra por outros meios. Os meios eram tecnológicos; a continuação era uma distância encurtada pela velocidade de bytes e bits, missivas e mísseis. A distância era propor-

7. James Der Derian, *Virtuous War: Mapping the Military-Industrial-Media--Entertainment Network*. 2. ed. Nova York: Routledge, 2009, p. 53.

cionada pelos F-16 e A-10 voando acima; o lançamento simulado de munições de precisão; as câmeras de vídeo remotas instaladas no topo das colinas; os conjuntos de sensores a laser em cada soldado e cada arma; as redes de computadores que controlavam o espaço de batalha; e todas as outras tecnologias digitais operando como "multiplicadores de força". Sem dúvida, acidente, atrito ou erro de cálculo podiam, e às vezes o faziam, colapsar esse distanciamento virtual. No entanto, a medida definitiva da distância na guerra, a diferença entre a vida e a morte, não estava à vista.[8]

A Guerra do Golfo (1990–1991) pode ser vista como a grande estreia da "guerra virtual" que consolidou a guerra virtuosa com seu espetáculo midiático das tecnologias de precisão, ataques com mísseis inteligentes, bombardeios noturnos e explosões de bombas filmadas por satélites como em um videogame. Para Der Derian, essa foi a guerra em que a CNN apresentou a rede militar-industrial-midiática-de-entretenimento em plena ação. Intervenções norte-americanas na Bósnia, em 1995, e no Kosovo, em 1999, também foram narradas como uma guerra humanitária e de grande relevância moral, em que tecnologias de precisão foram utilizadas para evitar baixas civis. A mídia mostrava os bárbaros sendo derrotados pela superioridade dos virtuosos. A superioridade tecnológica norte-americana é vista como um reflexo de sua superioridade moral.

A Guerra ao Terror, após os eventos do Onze de Setembro, em Nova York, pode ser vista como uma guerra virtuosa contra o terror. Drones e mísseis que trazem a ira dos justos e dos defensores da democracia se lançam mais uma vez em uma Cruzada. Novamente, os inimigos são quase não humanos, são bestas a serem abatidas e levadas pelo fogo do

8. *Ibid.*, p. 9.

Inferno. Caçar terroristas é fundamental e a virtualização dos combates avança como em jogos de guerra, que arrefecem qualquer empatia pelos moradores dos vilarejos atacados. Filmes mostram árabes sanguinários diante de soldados e agentes da CIA éticos e que arriscam sua gloriosa vida para libertar as populações do Oriente Médio para que fiquem distantes dos braços do terror.

Assim, o século XXI tem seu início marcado pelo combate ao terror. A vigilância massiva se torna um imperativo para a segurança global do "líder do mundo livre", os Estados Unidos. Mudanças no sistema socioeconômico vão ocorrendo em meio aos fracassos econômicos da doutrina neoliberal e aos sucessos das tecnologias de informação que avançam velozmente com a expansão da internet. A guerra virtuosa, como narrativa e como justificativa, não desaparece.

A "defesa da liberdade" exige provocações à Rússia, dirigida pela extrema direita, longe da ameaça socialista, mas apresentada como arrogante e aliada ao perigoso inimigo chinês. Afinal, uma guerra é fundamental para realimentar o complexo. Melhor ainda se for uma guerra por procuração. A Guerra da Ucrânia é atualizada em 2022. Um conflito providencial para os Estados Unidos. Basta pagar. Mas é em Gaza que o novo complexo militar-industrial-dataficado tem sua avant-première.

A EMERGÊNCIA DO COMPLEXO MILITAR-INDUSTRIAL-DATAFICADO

A Unidade Experimental de Inovação em Defesa (Defense Innovation Unit Experimental, DIUX), criada em 2015, é um posto avançado do Pentágono instalado a menos de três quilômetros do campus do Google, em Mountain View, na Califórnia. Localizado no condado de Santa Clara, o campus da poderosa big tech é chamado de Googleplex. Para criar uma rede de empreendimentos de ponta úteis aos interesses militares, o então secretário de Defesa dos Estados Unidos, Ash Carter, resolveu aproximar fisicamente o Pentágono do vale do Silício. Mountain View fica a 4 024 quilômetros do Pentágono. A aproximação entre as forças militares e as grandes companhias de tecnologia é cada vez mais estreita.

O antropólogo e pesquisador de tecnologias militares Roberto J. González, no livro *War Virtually: The Quest to Automate Conflict, Militarize Data, and Predict the Future* [Guerrear virtualmente: A busca para automatizar conflitos, militarizar dados e predizer o futuro],[9] afirma que, por parte dos gestores e operadores dos conflitos militares contemporâneos, há uma crescente dependência das tecnologias digitais, da inteligência artificial (IA) e do big data. González propôs a expressão "complexo militar-digital" para definir a rede interligada das Forças Armadas (Pentágono, agências de inteligência), empresas de tecnologia (big techs como Google, Palantir, Amazon Web Services), startups de defesa (fabricantes de drones, sistemas autônomos) e universidades e centros de pesquisa (que desenvolvem IA para aplicações militares).

Para González, o complexo militar-digital vê a guerra como um problema de processamento de dados, não de política ou ética.[10] Isso implica que a guerra deve ser vista para além das mudanças tecnológicas que a impactam, como uma transformação epistemológica. O antropólogo estabe-

9. Roberto J. González, *War Virtually: The Quest to Automate Conflict, Militarize Data, and Predict the Future*. Oakland, [CA]: University of California Press, 2022.
10. *Ibid.*

lece uma relação direta entre o conceito de guerra virtual e a expansão de um novo complexo militar-industrial digital. Define como guerra virtual o uso de tecnologias digitais, automação, inteligência artificial, big data e vigilância para fins militares em um cenário orientado por dados e algoritmos. Assim, a guerra virtual se torna não apenas novos modos de combate, mas também uma lógica de mercado, alimentada por contratos bilionários, investimentos em inovação militar e parcerias público-privadas.

A guerra virtual não surgiu de um único evento, mas de uma confluência de transformações tecnológicas, geopolíticas, culturais e econômicas ocorridas ao longo da última década. González considera que a difusão global de smartphones conectados à internet desde 2007 intensificou a coleta de dados sobre os indivíduos, criando um ambiente propício para vigilância massiva e controle informacional.[11] Os documentos vazados por Edward Snowden em 2013 revelaram o grau de espionagem digital conduzido pela NSA, em escala planetária. Em paralelo, entre 2013 e 2014, o surgimento e a expansão do Estado Islâmico (Isis) impulsionaram algumas formas inéditas de recrutamento e mobilização militar baseadas nas redes sociais, o que levou potências como Estados Unidos, Rússia e China a intensificar ações de contraterrorismo digital e ciberataques.

Gonzáles analisou a adoção das estratégias mais centradas em dados, após o fracasso das doutrinas tradicionais de contrainsurgência no Iraque.[12] Isso conduziu as Forças Armadas norte-americanas a buscar uma abordagem híbrida, que combinava inteligência informacional com análise computa-

11. *Ibid.*
12. *Ibid.*

cional, mobilizando cientistas sociais e da computação para mapear redes insurgentes naquele país. Esse movimento se insere em uma reorientação mais ampla da política de segurança dos Estados Unidos após 2011, quando a atenção deixou de estar exclusivamente voltada ao extremismo islâmico e passou a focalizar também grandes potências, como China e Rússia, acusadas de agir no cenário global por meio de ações cibernéticas e desinformação.

O avanço da guerra virtual não foi linear nem consensual nessa visão. A estrutura burocrática das agências de defesa e inteligência dos Estados Unidos produziu disputas internas e resistências à adoção irrestrita de tecnologias emergentes. A Revolução nos Assuntos Militares (Revolution in Military Affairs, RMA), proposta desde os anos 1980, enfrentou críticas de setores como o Exército e a Marinha, receosos de perder recursos para a Força Aérea. Após os ataques do Onze de Setembro, o foco em guerras contra redes insurgentes tecnicamente rudimentares reduziu o ímpeto da RMA. No entanto, com o retorno das rivalidades interestatais, o avanço da guerra cibernética e a pressão por soluções tecnológicas, o projeto de uma máquina de combate informatizada voltou a ganhar força, apesar das tensões internas e dos riscos éticos e operacionais envolvidos.

Segundo González, a guerra virtual é sustentada por uma lógica de militarização dos dados, em que informações extraídas de redes sociais, dispositivos móveis e sensores diversos são usadas para rastrear, prever e influenciar comportamentos – tanto de inimigos quanto de populações civis. Essa militarização ocorre por meio de tecnologias como machine learning, vigilância algorítmica e simulações computacionais, todas promovidas por empresas do setor tecnológico integradas ao aparato militar.

Der Derian[13] antecipou a "virtualização" da guerra e González[14] explicou como ela se tornou baseada em dados. O primeiro descortinou o espetáculo midiático, o segundo demonstrou a mudança da dinâmica do complexo militar-industrial do espetáculo midiático para a governança algorítmica como elemento central. Possivelmente Der Derian não percebeu o papel crucial da digitalização em curso quando escrevia seu livro. E González parece não ter dado a devida relevância ao poder contínuo da narrativa midiática, mesmo no cenário da internet.

Sem dúvida, a desinformação nas redes digitais é um dos fenômenos cruciais e fundamentais das disputas políticas, geopolíticas, diplomáticas e militares, compondo o que foi chamado de guerra híbrida.[15] Considero que a guerra mediada por narrativas e simulações não se contrapõe à guerra dirigida por máquinas e dados. Os epicentros podem ser diferentes para momentos diferentes, mas a guerra como espetáculo mascarado em propósitos morais não desaparece na guerra como automação.

Aqui peço atenção redobrada. Existem mudanças fundamentais que precisam ser destacadas. Tais alterações ocorrem na dinâmica da guerra, bem como na organização da sua infraestrutura e gestão. Elas implicam a transformação do complexo militar-industrial, que passo a nomear de complexo militar-industrial-dataficado por conta da centralidade dos dados para suas operações. Isso não significa que as má-

13. James Der Derian, *Virtuous War*, *op. cit.*
14. Roberto J. González, *War Virtually*, *op. cit.*
15. Andrew Korybko, *Guerras híbridas*. São Paulo: Expressão Popular, 2018.

quinas, as armas, as conexões, os robôs, os soldados seriam irrelevantes. A guerra continua a recair sobre corpos, sobre territórios e sobre vidas estruturalmente orgânicas. A guerra é uma disputa pelo poder sobre corpos, e não sobre avatares. Apesar disso, a guerra contemporânea não é a mesma daquela que existia no século XX.

Estrategistas militares e formuladores de políticas estão tentando aproveitar os conhecimentos científicos e técnicos mais recentes para se preparar para a guerra – virtualmente. A fantasia tecnológica da guerra virtual é sedutora – até irresistível –, pois sugere que um dia poderemos travar guerras sem soldados, sem campos de batalha físicos e talvez até sem mortes. Embora não exista uma definição consensual para a guerra virtual, podemos começar a pensá-la como a confluência de tendências, ferramentas e técnicas de longo prazo: guerras conduzidas por sistemas robóticos, alguns dos quais estão sendo programados para tomar decisões éticas; a emergência do vale do Silício como um centro importante de trabalho para a defesa e a inteligência; campanhas de propaganda e operações psicológicas (*psyops*) impulsionadas por algoritmos e desenvolvidas e executadas por meio de plataformas de redes sociais; modelos de ciências sociais de próxima geração voltados a descobrir o que impulsiona a cooperação humana e a instabilidade social; e programas de modelagem preditiva e simulação, incluindo alguns supostamente projetados para prever conflitos futuros.[16]

Roberto J. González chamou a guerra atual de virtual enfatizando a importância dos dados, mas não destacou uma das mudanças mais profundas no complexo militar-industrial. Qual mudança? A que colocou as big techs, principalmente as que controlam dados das populações, como centro indispensável da guerra. Há uma plataformização da guerra: os

16. Roberto J. González, *War Virtually*, *op. cit.*, p. 23.

soldados operadores de drones e de mísseis norte-americanos precisam de dados para matar e as plataformas das big techs têm dados suficientes para definir quem deve morrer e até quando e onde é mais provável matar. Em Gaza, a Microsoft em parceria com a Open AI e com a Palantir, a Amazon e o Google, e outras empresas do vale do Silício, entregaram dados, sistemas algorítmicos de coleta e tratamento de informações para o Exército de Israel e para a fixação de alvos de prováveis militantes do Hamas que deveriam ser eliminados em seus refúgios.[17]

Há uma grande mudança no complexo militar-industrial. As empresas de armas entregam seus produtos para as Forças Armadas e não precisam acompanhar o teatro de operações. Mas não é isso que ocorre com as grandes corporações de tecnologia. Como as Forças Armadas dependem de volumes gigantescos de dados e da IA, as big techs estão no centro estratégico da gestão da guerra. Dito de modo diferente, a datificação e o grande poder computacional adotado para o treinamento de modelos de IA e para a realização de inferências em tempo real levaram as Forças Armadas dos Estados Unidos a depender das infraestruturas de dados, do provimento de nuvem e dos frameworks das big techs. Aqui está o ponto de mudança. As empresas do vale do Silício se tornaram indispensáveis para a gestão da guerra.

As autoridades militares não consideraram viável a construção de data centers de hiperescala para as Forças Armadas norte-americanas. Nem julgaram ser possível acompanhar

17. Yuval Abraham, "'Order from Amazon': How Tech Giants Are Storing Mass Data for Israel's War". +972 *Magazine*, 4 ago. 2024. Disponível em: hedra.com.br/r/fA2; Business & Human Rights. "AP Exposes Big Tech [AI] Systems' Direct Role in Warfare amid Israel's War in Gaza". Resource Center, 18 fev. 2025. Disponível em: hedra.com.br/r/Ic5.

os avanços tecnológicos que as grandes empresas de tecnologia desenvolveram no campo da IA, do aprendizado profundo, enfim, no terreno do tratamento e processamento de dados. Por isso, a tendência é integrar as gigantes da tecnologia na gestão e nas operações da guerra. O Joint Warfighting Cloud Capability (JWCC)[18] é o projeto que consolida o papel estratégico das big techs no Departamento de Defesa dos EUA. Foi lançado oficialmente em dezembro de 2022, com o objetivo de prover uma infraestrutura de computação em nuvem multicloud, segura e escalável, voltada para atender às necessidades militares e operacionais em todos os domínios: terra, ar, mar, espaço e ciberespaço.[19]

O JWCC foi lançado para fornecer serviços de nuvem comercial (IaaS, PaaS e SaaS) ao Departamento de Defesa e suas entidades associadas e garantir resiliência, redundância e interoperabilidade entre diferentes ambientes. Visa também atender a requisitos de segurança nacional com suporte a informações confidenciais, inclusive em níveis secretos, bem como possibilitar operações táticas e globais, inclusive em ambientes com conectividade limitada. O projeto adotou a abordagem multifornecedor, concedendo o contrato às quatro maiores empresas de provimento de nuvem: Amazon Web Services (AWS), Microsoft Azure, Google Cloud e Oracle Cloud. O JWCC surgiu como substituto do controverso projeto Joint Enterprise Defense Infrastructure (Jedi), que havia sido concedido à Microsoft em 2019. As big techs excluídas do Jedi o atacaram com críticas e acusações de favorecimento, levando a seu cancelamento em 2021.

18. US Department of Defense, "Department of Defense Announces Joint Warfighting Cloud Capability Procurement". Release, 7 dez. 2022. Disponível em: hedra.com.br/r/yTy.
19. *Ibid.*

Os contratos do JWCC com cada uma das quatro empresas podem valer até 9 bilhões de dólares, totalizando 36 bilhões até 2028. Trata-se de um arranjo do tipo *indefinite-delivery/indefinite-quantity* (Idiq), ou seja, ele permite múltiplas ordens de serviço, uma vez que não estabelece previamente uma quantidade fixa de produtos ou serviços a serem entregues, mas define um valor máximo e condições gerais para futuras encomendas. Assim, as Forças Armadas dos EUA podem requisitar rapidamente serviços digitais e incorporá-los em uma missão tática de combate. Um exemplo é o [AWS] Modular Data Center, produto da Amazon criado sob o contrato JWCC. Segundo a diretora de Defesa da Amazon, Liz Martin: "À medida que o campo de batalha digital continua a evoluir, nossos clientes de defesa precisam cada vez mais de acesso a recursos de nuvem na ponta tática, incluindo ambientes DDIL em todo o mundo".[20] DDIL é o acrônimo para o ambiente *denied, degraded, intermittent* e *limited bandwidth*, ou seja, ambientes com negação, degradação, intermitência ou largura de banda limitada. Em um contexto operacional militar, nesse ambiente se enfrentam restrições severas ou instabilidades na conectividade de rede, por se tratar de zonas de combate, regiões remotas, missões em alto-mar ou no espaço e cenários de guerra cibernética.

A AWS foi a primeira a lançar uma linha dedicada de produtos e serviços militares. Com a crescente instabilidade internacional nesses primeiros anos do século XXI, a AWS e as big techs viram uma grande oportunidade de aproveitar verbas crescentes dedicadas ao complexo militar-industrial-

20. Amazon Web Service, "AWS Announces AWS Modular Data Center for US Department of Defense Joint Warfighting Cloud Capability". AWS Public Sector Blog, 13 fev. 2023. Disponível em: hedra.com.br/r/tc9.

-datificado. Em outro artigo de divulgação no blog da AWS, Liz Martin explica que o primeiro ambiente de nuvem tática duradouro do Exército dos Estados Unidos permite "reduzir o trabalho pesado inerente à implantação de grandes pilhas de servidores físicos na borda tática. Os comandantes podem usar a computação em nuvem para acessar aplicativos de comando de missão de qualquer lugar".[21]

O modo atual como as big techs participam da gestão e das operações militares pode ser observado no site da Oracle. Tal como a AWS, a empresa divulga que "os combatentes norte-americanos precisam ser capazes de utilizar a computação em nuvem tática no campo de batalha ou na borda operacional".[22] Essa linguagem pode gerar dúvidas sobre seu significado real, contudo a Oracle afirma estar preparada para atuar nas ações de combate e outras operações militares. Na mesma tela de divulgação, a empresa fundada por Larry Ellison divulga que os dispositivos da Oracle "permitem que os operadores de missão coletem dados, executem aplicativos, analisem e armazenem dados onde quer que precisem".[23]

O Departamento de Defesa exige que toda nuvem contratada por meio do JWCC atenda aos requisitos de Zero Trust, o que transforma esse modelo na espinha dorsal da segurança digital militar dos Estados Unidos. Um dos grandes objetivos é a garantia de resiliência cibernética em combate, com decisões tomadas sob condições adversas. Um dos princípios da abordagem de segurança chamada de Zero Trust é que nada

21. Liz Martin, "AWS Supports Development of US Army's First Enduring Tactical Cloud Environment". AWS Public Sector Blog, 24 maio 2022. Disponível em: hedra.com.br/r/yXY.
22. Oracle, "Oracle and the US Defense Department Continue Their Partnership with JWCC". Disponível em: hedra.com.br/r/KIr.
23. *Ibid.*

deve ser considerado automaticamente confiável. Isso inclui até a rede interna das Forças Armadas. Tudo deve ser o tempo todo verificado, autenticado e monitorado. Isso exige procedimentos e inúmeros sistemas de aprendizado profundo aplicados à segurança. Quanto maior o nível de paranoia, mais dinheiro para as big techs.

INFRAESTRUTURAS ESSENCIAIS DA GUERRA DATAFICADA

O complexo militar-industrial-dataficado está sendo desenvolvido integrando as big techs aos serviços e à gestão dataficada da guerra nos Estados Unidos e em Israel. Apesar de relevante para consolidar o complexo, o JWCC não é o único projeto do Departamento de Defesa norte-americano com as big techs e outras empresas do ecossistema digital. Existem diversos outros projetos e programas. Em Israel, o Projeto Nimbus[24] foi fundamental para a execução do Lavender,[25] o uso de aprendizado de máquina para mapeamento, identificação e fixação de alvos para eliminação na Faixa de Gaza.

A publicação israelense +972 *Magazine* realizou reportagens essenciais para compreendermos a guerra dataficada e a importância do complexo militar-industrial-dataficado para as ações do Exército de Israel no Oriente Médio e, em especial, na Faixa de Gaza:

> Sistemas de direcionamento alimentados por inteligência artificial dependem de vastas quantidades de dados de vigilância extraídos e

24. Caroline Haskins, "The Hidden Ties Between Google and Amazon's Project Nimbus and Israel's Military". *Wired*, 15 jul. 2024. Disponível em: hedra.com.br/r/geR.
25. Sophia Goodfriend, "Why Human Agency Is Still Central to Israel's AI-Powered Warfare". +972 *Magazine*, 25 abr. 2024. Disponível em: hedra.com.br/r/Gmb.

analisados por startups privadas, conglomerados globais de tecnologia e técnicos militares. Trabalhadores da área de tecnologia em complexos de escritórios no vale do Silício desenvolvem os bancos de dados do Google Imagens que as tropas israelenses usam para deter civis que fogem de bombardeios aéreos. Algoritmos de moderação de conteúdo determinados pela liderança corporativa da Meta em Nova York auxiliam sistemas de policiamento preditivo a classificar civis de acordo com a probabilidade de se juntarem a grupos militantes. Empresas de segurança sediadas em Petah Tikva transferem o conteúdo de telefones celulares a técnicos militares encarregados de elaborar listas de assassinatos.[26]

As descobertas feitas pelos repórteres da +972 *Magazine* contradizem os termos de uso das big techs e suas declarações de que não estão envolvidas em práticas antiéticas e ações militares, confirmando as denúncias de funcionários, principalmente do movimento No Tech for Apartheid.[27] Como exemplo, uma reportagem do jornal britânico *The Guardian* em parceria com a +972 *Magazine* revelou os laços da Microsoft com o desenvolvimento de soluções de IA para que o Exército de Israel realizasse operações de combate e de eliminação dos chamados "alvos".

A dependência do Exército israelense em relação à tecnologia de nuvem e aos sistemas de inteligência artificial da Microsoft aumentou durante a fase mais intensa do bombardeio de Gaza, revelam documentos vazados. [...] Como parceira de confiança do Ministério da Defesa de Israel, com frequência a Microsoft era incumbida de trabalhar em projetos sensíveis e altamente sigilosos. Sua equipe também atuava em estreita colaboração com a diretoria de inte-

26. *Ibid.*
27. Michael Sainato, "Workers Accuse Google of 'Tantrum' after 50 Fired Over Israel Contract Protest". *The Guardian*, 27 abr. 2024. Disponível em: hedra.com.br/r/lUl.

ligência das Forças de Defesa de Israel, incluindo sua divisão de vigilância de elite, a Unidade 8 200.[28]

As big techs e as empresas de seu ecossistema que assumem ações de espionagem e de guerra se posicionam coletando dados de inúmeras áreas e atividades sociais e econômicas. É o caso da Palantir, empresa criada com fundos da CIA[29] em 2004, integrante do complexo militar-industrial-dataficado. Suas operações vão de espionagem e desenvolvimento de sistemas para capturar imigrantes ilegais até a confecção de sistemas especiais para atividades militares. Uma matéria da Bloomberg relatava a performance da Palantir no fornecimento de dispositivos para as Forças Armadas de Israel na guerra contra os palestinos:

> A Palantir Technologies Inc., empresa de análise de dados que fornece modelos de inteligência artificial às Forças Armadas, firmou uma parceria estratégica com o Ministério da Defesa de Israel para fornecer tecnologia que auxilie no esforço de guerra do país. O acordo ocorreu após uma reunião realizada na quinta-feira entre autoridades de defesa israelenses e os cofundadores da Palantir, Peter Thiel e Alex Karp, em Tel Aviv, de acordo com o vice-presidente executivo Josh Harris, que também estava presente. "Ambas as partes concordaram mutuamente em utilizar a tecnologia avançada da Palantir em apoio a missões relacionadas à guerra", disse Harris à Bloomberg na sexta-feira.[30]

28. Harry Davies e Yuval Abraham, "Revealed: Microsoft Deepened Ties with Israeli Military to Provide Tech Support during Gaza War". *The Guardian*, 23 jan. 2025. Disponível em: hedra.com.br/r/wXz.
29. Damian Paletta, "The CIA's Venture-Capital Firm, Like Its Sponsor, Operates in the Shadows". *The Wall Street Journal*, 30 ago. 2016. Disponível em: hedra.com.br/r/yJh.
30. Marissa Newman, "Thiel's Palantir, Israel Agree Strategic Partnership for Battle Tech". Bloomberg, 12 jan. 2024. Disponível em: hedra.com.br/r/Cb1.

Em dezembro de 2023, a mesma Palantir, que espiona e desenvolve sistemas militares, ganhou um contrato de 330 milhões de libras para produzir uma nova plataforma de dados do sistema britânico de saúde, o NHS.[31] A empresa de sistemas militares e de ciberguerra agora quer entrar em outros ramos de atividade, coletando dados da saúde das pessoas. E uma informação importante precisa ser compartilhada. Em 2009, um dos fundadores e dirigentes da Palantir, Peter Thiel, publicou suas ideias no site do Cato Unbound, *think tank* de extrema direita norte-americano, afirmando: "Não acredito mais que liberdade e democracia sejam compatíveis".[32] Thiel e Elon Musk foram sócios e, junto com Larry Ellison, CEO da Oracle, nunca esconderam suas preferências pela extrema direita.

As big techs norte-americanas são instrumentos do neocolonialismo baseados no controle que exercem sobre as infraestruturas digitais.[33] Esse controle é tão descomunal que gerou a concentração dos insumos fundamentais da IA realmente existente, que são os dados. Com a crescente dependência de dados, tanto a economia digitalizada quanto os sistemas automatizados dependem de grandes estruturas de armazenamento e processamento, o que exige muitos investimentos e capitais, colocando os Estados Unidos na ponta.

31. Denis Campbell, "Patient Privacy Fears as US Spy Tech Firm Palantir Wins £330m NHS Contract". *The Guardian*, 21 nov. 2023. Disponível em: hedra.com.br/r/dGY.

32. Peter Thiel, "The Education of a Libertarian". Cato Unbound, 13 abr. 2009. Disponível em: hedra.com.br/r/jpj.

33. Michael Kwet, "Digital Colonialism: US Empire and the New Imperialism in the Global South". *Race & Class*, v. 60, n. 4, pp. 3–26, 2019. Disponível em: hedra.com.br/r/i1v; Rodolfo da Silva Avelino, *Colonialismo digital: Tecnologias de rastreamento online e a economia informacional*. São Paulo: Alameda, 2023; Deivison Faustino e Walter Lippold, *Colonialismo digital: Por uma crítica hacker-fanoniana*. São Paulo: Boitempo, 2023.

Além disso, é preciso destacar que nenhuma outra nação possui os dados das populações de praticamente todos os países da Terra. As big techs, ao integrar a gestão da guerra dos Estados Unidos, incluem dados obtidos em suas plataformas de comunicação, de entretenimento, de saúde e de comércio, a serviço dos interesses geopolíticos e militares daquele país.

CAPÍTULO 6

A monetização da guerra

A guerra é um dos fenômenos mais devastadores para o meio ambiente e para a população das áreas submetidas a conflitos armados. Como organização suprema da violência, requer uma estrutura política e militar que a humanidade não conseguiu superar. O poder se organiza sempre a partir das estratégias de guerra. O capitalismo fez dela um lucrativo negócio para a reprodução do capital e a manutenção da economia mobilizada e em crescimento. Assim como a industrialização trouxe mudanças cruciais para as forças militares, a digitalização, que abriu espaço para uma economia baseada em dados, também está reconfigurando os negócios bélicos. A gestão da guerra dependerá cada vez mais da gestão de dados.

A IA realmente existente, o aprendizado de máquina e o aprendizado profundo são sistemas automatizados completamente dependentes de dados. Essas tecnologias algorítmicas trouxeram uma mudança profunda para a estrutura e a gestão da guerra contemporânea. A IA e provedores de nuvem são fundamentais para organizar as ações militares contemporâneas. Em 2013, Edward Snowden nos mostrou as relações umbilicais entre as big techs e as agências de segurança e espionagem norte-americanas. Essas relações avançaram e levaram as big techs a integrar o complexo militar-industrial.

As empresas de tecnologia assumem funções antes exclusivas do Estado, como a participação na gestão de ataques e no processamento de dados de espionagem. A doutrina neoliberal e a concentração de poder tecnológico nas big techs as tornaram indispensáveis à gestão e às operações táticas da guerra.

O projeto Joint Warfighting Cloud Capability (JWCC), dos Estados Unidos, consolida o complexo militar-industrial-datificado, criando uma nuvem multiorganizacional, multifuncional e de disponibilidade plena que reúne Amazon, Microsoft, Google e Oracle. O Projeto Nimbus, do Estado de Israel, permitiu a construção de uma nuvem e uma infraestrutura de IA para as forças militares israelenses envolvendo as big techs norte-americanas. Os experimentos de definição de alvos palestinos e libaneses com base em IA foram o primeiro experimento em larga escala do uso de aprendizado de máquina para o ataque com mísseis e drones a partir de dados obtidos em redes sociais e outras fontes.

Um risco perigoso da inserção das big techs na gestão estratégica e tática da guerra está na evolução do cenário para a plataformização das ações militares. Como seria possível as mesmas big techs que fazem a mediação das conversas entre adolescentes e distribuem conteúdos postados em suas redes sociais se colocarem como espaços neutros diante de contenciosos políticos, geopolíticos e militares? Como garantir que os dados dos usuários das redes sociais on-line de um país considerado adversário dos Estados Unidos não sejam utilizados pelas big techs para fins militares e de guerra psicológica, termo antigo e bem conhecido do cardápio militar?

A datificação converte a guerra em um sistema tecnocrático, no qual dados e IA são tão cruciais quanto armas. Isso redefine o poder militar, subordinando-o a interesses corporativos e criando um cenário de vigilância total e violência automatizada. As big techs não são intermediárias, mas mediadoras de relacionamentos sociais e culturais. No epicentro do complexo militar-industrial-dataficado, essas empresas podem privatizar decisões fundamentais antes definidas pelo corpo político e militar dirigente. Esse novo extrato das classes dominantes dos Estados Unidos, alguns poucos bilionários do vale do Silício, está se aproximando perigosamente da sala de comando militar. Essas mudanças podem corroer as democracias. É preciso voltar a alertar para os riscos da guerra e para a necessidade de paz.

As decisões sobre a vida e a morte não deveriam ser delegadas a sistemas automatizados, ou melhor, entregues a algoritmos. Os usos letais do aprendizado de máquina com dados civis obtidos em dispositivos de comunicação, entretenimento e interações em redes sociais deveriam ser considerados crimes de guerra, crimes contra a humanidade. As big techs, com suas redes neurais artificiais e demais sistemas invisíveis, atuando em conjunto com as forças militares, formam uma perigosa aliança antidemocrática. A gestão da guerra virando unidade de negócios das big techs pode levar à monetização de conflitos contínuos com baixo custo e alta lucratividade.

Referências bibliográficas

ABRAHAM, Yuval. "'A Mass Assassination Factory': Inside Israel's Calculated Bombing of Gaza". +972 *Magazine*, 30 nov. 2023. Disponível em: hedra.com.br/r/FrW.

______. "'Lavender': The AI Machine Directing Israel's Bombing Spree in Gaza". +972 *Magazine* e *Local Call*, 3 abr. 2024. Disponível em: hedra.com.br/r/Ivs.

______. "'Order from Amazon': How Tech Giants Are Storing Mass Data for Israel's War". +972 *Magazine*, 4 ago. 2024. Disponível em: hedra.com.br/r/fA2.

AMAZON REPORT. "For the Fiscal Year Ended December 31, 2017". *Amazon Annual Report*, p. 4, 2017.

AMAZON WEB SERVICE. "AWS Announces AWS Modular Data Center for US Department of Defense Joint Warfighting Cloud Capability". AWS Public Sector Blog, 13 fev. 2023. Disponível em: hedra.com.br/r/tc9.

______. "O que é a computação em nuvem?". Disponível em: hedra.com.br/r/kq7.

ANONYMOUS GOOGLE AND AMAZON WORKERS. "We Are Google and Amazon Workers. We Condemn Project Nimbus". *The Guardian*, 12 out. 2021. Disponível em: hedra.com.br/r/Wos.

ARMBRUST, Michael *et al.*, "Above the Clouds: A Berkeley View of Cloud Computing". Technical report n. UCB/EECS-2009–28, p. 1. Electrical Engeneering and Computer Sciences, University of California, Berkeley, 10 fev. 2009. Disponível em: hedra.com.br/r/Wjn.

ATHENA. "500+ Google Workers and Community Activists Protest Company's Business Relationship with Israel; Claim 'Google Fuels First AI-Powered Genocide'". Press releases, 14 dez. 2023. Disponível em: hedra.com.br/r/Coh.

ATLANTIC COUNCIL. "Cyber Statecraft Initiative". Disponível em: hedra.com.br/r/oot.

AVELINO, Rodolfo da Silva. *Colonialismo digital: Tecnologias de rastreamento online e a economia informacional*. São Paulo: Alameda, 2023.

BAMFORD, James. "How US Intelligence and an American Company Feed Israel's Killing Machine in Gaza". *The Nation*, 12 abr. 2024. Disponível em: hedra.com.br/r/E2C.

BECK, Ulrich et al. *Sociedade de risco*. São Paulo: Editora 34, 2010. pp. 49–53.

BIDDLE, Sam. "Google Activists Circulated Internal Petition on Israel Ties. Only the Muslim Got a Call from HR". *The Intercept*, 15 nov. 2023. Disponível em: hedra.com.br/r/vRW.

BIESECKER, Michael; MEDNICK, Sam; BURKE, Garance. "As Israel Uses US-Made AI Models in War, Concerns Arise about Tech's Role in Who Lives and Who Dies". *The Associated Press*, 18 fev. 2025. Disponível em: hedra.com.br/r/g9I.

BRIGADIER GENERAL Y. S. *The Human-Machine Team: How to Create Synergy Between Human & Artificial Intelligence That Will Revolutionize Our World*. eBookPro Publishing, 2021. p. 61.

BUSINESS & HUMAN RIGHTS. "AP Exposes Big Tech AI Systems' Direct Role in Warfare amid Israel's War in Gaza". Resource Center, 18 fev. 2025. Disponível em: hedra.com.br/r/Ic5.

CAMPBELL, Denis. "Patient Privacy Fears as US Spy Tech Firm Palantir Wins £330m NHS Contract". *The Guardian*, 21 nov. 2023. Disponível em: hedra.com.br/r/dGY.

CAZZANIGA, Mauro *et al. Gen-AI: Artificial Intelligence and the Future of Work*. Washington, DC: International Monetary Fund, 2024.

CHAMAYOU, Grégoire. *Teoria do drone*. São Paulo: Cosac Naify, 2015.

CHOMSKY, Noam. "The Pentagon System". *Z Magazine*, fev. 1993. Disponível em: hedra.com.br/r/NH7.

COLE, David. "We Kill People Based on Metadata". *The New York Review*, 10 maio 2014. Disponível em: hedra.com.br/r/iEk.

CONGER, Kate. "Google Employees Resign in Protest against Pentagon Contract". Gizmodo, 14 maio 2018. Disponível em: hedra.com.br/r/v74.

______. "Google Plans Not to Renew Its Contract for Project Maven, a Controversial Pentagon Drone AI Imaging Program". Gizmodo, 1 jun. 2018. Disponível em: hedra.com.br/r/51i.

"CONTROLE digital: A entrada das big techs na produção de alimentos e na agricultura (e o que isso significa)". *Grain*, 29 jan. 2021. Disponível em: hedra.com.br/r/5wf.

DANTAS, Marcos. "Informação, trabalho e capital". In: DANTAS, Marcos *et al.* (Orgs.). *O valor da informação: De como o capital se apropria do trabalho social na era do espetáculo e da internet*. São Paulo: Boitempo, 2022.

DAVIES, Harry; ABRAHAM, Yuval. "Revealed: Microsoft Deepened Ties with Israeli Military to Provide Tech Support during Gaza War". *The Guardian*, 23 jan. 2025. Disponível em: hedra.com.br/r/wXz.

DER DERIAN, James. *Virtuous War: Mapping the Military-Industrial-Media--Entertainment Network*. 2. ed. Nova York: Routledge, 2009. p. 53.

DFRLAB. "Cloud Computing". Disponível em: hedra.com.br/r/5sq.

DURAND, Cédric. *Tecnofeudalismo: Crítica de la economía digital*. Donostia: Kaxilda, 2021.

EISENHOWER, Dwight. "President Dwight D. Eisenhower's Farewell Address, 1961". National Archives, Milestone Documents, 1961. Disponível em: hedra.com.br/r/c93.

FAUSTINO, Deivison; LIPPOLD, Walter. *Colonialismo digital: Por uma crítica hacker--fanoniana*. São Paulo: Boitempo, 2023.

FOUCAULT, Michel. *Segurança, território, população*. São Paulo: Martins Fontes, 2008.

GARTNER. "Gartner Says Worldwide IAAS Public Cloud Services Revenue Grew 16.2% in 2023". Press release, 22 jul. 2024. Disponível em: hedra.com.br/r/5b9.

GIBBS, Samuel. "Musk, Wozniak and Hawking Urge Ban on Warfare AI and Autonomous Weapons". *The Guardian*, 27 jul. 2015. Disponível em: hedra.com.br/r/uos.

GONZÁLEZ, Roberto J. *War Virtually: The Quest to Automate Conflict, Militarize Data, and Predict the Future*. Oakland, CA: University of California Press, 2022.

GOODFRIEND, Sophia. "Why Human Agency Is Still Central to Israel's AI-Powered Warfare". *+972 Magazine*, 25 abr. 2024. Disponível em: hedra.com.br/r/Gmb.

GOOGLE CLOUD. "Quais são os diferentes tipos de computação em nuvem?". Disponível em: hedra.com.br/r/MZl.

HACKING, Ian. "Biopower and the Avalanche of Printed Numbers". *Humanities in Society*, v. 5, n. 3/4, pp. 279–295, 1982.

______. *The Taming of Chance*. Cambridge: Cambridge University Press, 1990.

HARVEY, David. *Condição pós-moderna: Uma pesquisa sobre as origens da mudança cultural*. São Paulo: Loyola, 1992.

HASKINS, Caroline. "The Hidden Ties Between Google and Amazon's Project Nimbus and Israel's Military". *Wired*, 15 jul. 2024. Disponível em: hedra.com.br/r/geR.

HEDGES, Tom. "Harvesting and Utilising the Vast Amounts of Data Produced by Modern Aircraft – Part 1". *Oases*, 17 mar. 2023. Disponível em: hedra.com.br/r/UUt.

HERR, Trey. "Four Myths about the Cloud: The Geopolitics of Cloud Computing". *The Atlantic Council's Cyber Statecraft Initiative*, 31 ago. 2020. Disponível em: hedra.com.br/r/C6Y.

HINTON, Geoffrey E. "Learning Distributed Representations of Concepts". *Proceedings of the Eighth Annual Conference of the Cognitive Science Society*, pp. 1–12, 1986. Disponível em: hedra.com.br/r/Ogn.

HINTON, Geoffrey E.; SALAKHUTDINOV, Ruslan R. "Reducing the Dimensionality of Data with Neural Networks". *Science*, v. 313, n. 5786, pp. 504–507, 2006. Disponível em: hedra.com.br/r/98O.

HUI, Yuk. "Catástrofe algorítmica: A vingança da contingência". Trad. de Maurício Fernando Pitta e José Fernandes Weber. *Voluntas*, Santa Maria, v. 14, n. 2, e85093, pp. 1–31, 2023.

HUMANS RIGHTS WATCH. "Lebanon: Exploding Pagers Harmed Hezbollah, Civilians". Human Rights Watch, 18 set. 2024. Disponível em: hedra.com.br/r/Zef.

INGRAM, David; HORVATH, Bruna. "How Elon Musk Is Boosting Far-Right Politics across the Globe". *NBC News*, 16 fev. 2025. Disponível em: hedra.com.br/r/DyA.

"ISRAEL Defence Forces' Response to Claims about Use of 'Lavender' AI Database in Gaza". *The Guardian*, 3 abr. 2024. Disponível em: hedra.com.br/r/GlX.

JOHNSON, Bobbie. "Cloud Computing Is a Trap, Warns GNU Founder Richard Stallman". *The Guardian*, 29 set. 2008. Disponível em: hedra.com.br/r/Znv.

KORYBKO, Andrew. *Guerras híbridas*. São Paulo: Expressão Popular, 2018.

KWET, Michael. "Digital Colonialism: US Empire and the New Imperialism in the Global South". *Race & Class*, v. 60, n. 4, pp. 3–26, 2019. Disponível em: hedra.com.br/r/i1v.

LOVE, Julia; ALBA, Davey. "Some Google Workers Protest $1.2 Billion Israeli Contract". *Law.com*, 1 set. 2022. Disponível em: hedra.com.br/r/Shy.

MAASER, Lucas; VERLAAN, Stephanie. "Big Tech Goes to War". *Studien*, v. 5, 2022. Disponível em: hedra.com.br/r/Eey.

MANSON, Katrina. "AI Warfare Is Already Here". *Bloomberg*, 28 fev. 2024. Disponível em: hedra.com.br/r/AgK.

MARCUSE, Herbert. *Tecnologia, guerra e fascismo*. São Paulo: Editora da Unesp, 1999.

MARTIN, Liz. "AWS Supports Development of US Army's First Enduring Tactical Cloud Environment". AWS Public Sector Blog, 24 maio 2022. Disponível em: hedra.com.br/r/yXY.

MASLEJ, Nestor et al. *The AI Index 2024 Annual Report*. Stanford: AI Index Steering Committee; Institute for Human-Centered AI; Stanford University, 2024.

MBEMBE, Achille. *Necropolítica*. São Paulo: n-1 edições, 2018.

MCKERNAN, Bethan; DAVIES, Harry. "'The Machine Did It Coldly': Israel Used AI to Identify 37,000 Hamas Targets". *The Guardian*, 3 abr. 2024. Disponível em: hedra.com.br/r/qas.

MENTHE, Lance *et al.* "Understanding the Limits of Artificial Intelligence for Warfighters". V. 1, Summary (Research Report), p. 18. RAND Corporation, 3 jan. 2024. Disponível em: hedra.com.br/r/D6I.

MILLS, Charles Wright. *A elite do poder*. Rio de Janeiro: Zahar, 1981. p. 210.

MOROZOV, Evgeny. *To Save Everything, Click Here: The Folly of Technological Solutionism*. Nova York: PublicAffairs, 2014.

_______. *Big Tech: A ascensão dos dados e a morte da política*. São Paulo: Ubu, 2018.

MUMFORD, Lewis. *The Myth of the Machine*. Nova York: Harcourt, Brace Jovanovich, 1967, 1970. v. 1: *Technics and Human Development*, v. 2: *The Pentagon of Power*.

NEWMAN, Marissa. "Thiel's Palantir, Israel Agree Strategic Partnership for Battle Tech". *Bloomberg*, 12 jan. 2024. Disponível em: hedra.com.br/r/Cb1.

NO TECH for Apartheid. Disponível em: hedra.com.br/r/RPH.

“OPEN Letter in Support of Google Employees and Tech Workers”. *Icrac*, [s.d.]. Disponível em: hedra.com.br/r/TlM.

ORACLE. “Oracle and the US Defense Department Continue Their Partnership with JWCC”. Disponível em: hedra.com.br/r/KIr.

PALETTA, Damian. “The CIA’s Venture-Capital Firm, Like Its Sponsor, Operates in the Shadows”. *The Wall Street Journal*, 30 ago. 2016. Disponível em: hedra.com.br/r/yJh.

PASQUINELLI, Matteo; JOLER, Vladan. “O Manifesto Nooscópio: Inteligência artificial como instrumento de extrativismo do conhecimento”. Trad. de Leandro Módolo e Thais Pimentel. *Lavits*, 30 jul. 2020. Disponível em: hedra.com.br/r/T8P.

PELLERIN, Cheryl. “Project Maven to Deploy Computer Algorithms to War Zone by Year’s End”. *DOD News*, 21 jul. 2017. Disponível em: hedra.com.br/r/Aod.

PWC STRATEGY&. “The Global AI Race and Defense’s New Frontier: Driving Artificial Intelligence in Defense”. *Strategy&*, 2025. Disponível em: hedra.com.br/r/SOA.

ROBINS, Mark. “Aircraft Health Monitoring”. *Avionics International*, set./out. 2023. Disponível em: hedra.com.br/r/FD1.

ROBINS-EARLY, Nick. “How Israel Uses Facial-Recognition Systems in Gaza and Beyond”. *The Guardian*, 19 abr. 2024. Disponível em: hedra.com.br/r/A7S.

ROLLS-ROYCE. “Intelligent Engine Health Monitoring”. 29 jan. 2019. Disponível em: hedra.com.br/r/otg.

SADOWSKI, Jathan. “When Data is Capital: Datafication, Accumulation, and Extraction.” *Big Data & Society*, v. 6, n. 1, pp. 1–12, 2019.

______. *Too Smart: How Digital Capitalism is Extracting Data, Controlling Our Lives, and Taking Over the World*. Cambridge, MA: MIT Press, 2020.

SAINATO, Michael. “Workers Accuse Google of ‘Tantrum’ After 50 Fired over Israel Contract Protest”. *The Guardian*, 27 abr. 2024. Disponível em: hedra.com.br/r/lUl.

SANTOS, Milton. *Por uma outra globalização*. Rio de Janeiro: Record, 2000.

SCHWARZ, Elke. “Autonomous Weapons Systems, Artificial Intelligence, and the Problem of Meaningful Human Control”. *Philosophical Journal of Conflict and Violence*, v. 5, n. 1, pp. 53–72, 2021. Disponível em: hedra.com.br/r/FM1.

______. "Gaza War: Israel Using AI to Identify Human Targets Raising Fears That Innocents Are Being Caught in the Net". *The Conversation*, 12 abr. 2024. Disponível em: hedra.com.br/r/jk6.

SERHAN, Yasmeen. "How Israel Uses AI in Gaza – and What It Might Mean for the Future of Warfare". *Time*, 18 dez. 2024. Disponível em: hedra.com.br/r/b1g.

SHANE, Scott; DAISUKE Wakabayashi. "'The Business of War': Google Employees Protest Work for the Pentagon". *The New York Times*, 4 abr. 2018. Disponível em: hedra.com.br/r/a3W.

SRNICEK, Nick. *Platform Capitalism*. Nova York: John Wiley & Sons, 2017.

THE NOBEL PRIZE. "They Trained Artificial Neural Networks Using Physics". Press release, 8 out. 2024. Disponível em: hedra.com.br/r/sNf.

THIEL, Peter. "The Education of a Libertarian". Cato Unbound, 13 abr. 2009. Disponível em: hedra.com.br/r/jpj.

THORBECKE, Catherine. "Google Has Fired 50 Employees After Protests over Israel Cloud Deal, Organizers Say". CNN Business, 23 abr. 2024. Disponível em: hedra.com.br/r/wQE.

TIRPAK, John A. "Find, Fix, Track, Target, Engage, Assess". *Air & Space Forces Magazine*, 1 jul. 2000. Disponível em: hedra.com.br/r/Sat.

TURSE, Nick. *The Complex: How the Military Invades Our Everyday Lives*. Nova York: Macmillan, 2009.

US DEPARTMENT OF DEFENSE. "Department of Defense Announces Joint Warfighting Cloud Capability Procurement". Release, 7 dez. 2022. Disponível em: hedra.com.br/r/yTy.

VAN DIJCK, José. "Datafication, Dataism and Dataveillance: Big Data between Scientific Paradigm and Ideology". *Surveillance & Society*, v. 12, n. 2, pp. 197–208, 2014. Disponível em: hedra.com.br/r/AjE.

VAN DIJCK, José; POELL, Thomas; DE WAAL, Martijn. *The Platform Society: Public Values in a Connective World*. Nova York: Oxford University Press, 2018.

VAROUFAKIS, Yanis. *Technofeudalism: What Killed Capitalism*. Nova York: Melville House, 2024.

VASWANI, Ashish *et al.* "Attention Is All You Need". *Advances in Neural Information Processing Systems*, v. 30, 2017.

WINNER, Langdon. *Autonomous Technology: Technics-out-of-Control as a Theme in Political Thought*. Cambridge, MA: MIT Press, 1978.

______. *The Whale and the Reactor: A Search for Limits in an Age of High Technology.* Chicago: University of Chicago Press, 1986.

ZIV, Amitai. "Israel Picks Google, Amazon for Massive Official Cloud; Data Will Remain Here". *Haaretz*, 21 abr. 2021. Disponível em: hedra.com.br/r/oCx.

ZUBOFF, Shoshana. *The Age of Surveillance Capitalism: The Fight for a Human Future at the New Frontier of Power*. Nova York: Public Affairs, 2019.

COLEÇÃO «METABIBLIOTECA»

1. *A carteira de meu tio*, Joaquim Manuel de Macedo
2. *A cidade e as serras*, Eça de Queirós
3. *A escrava*, Maria Firmina dos Reis
4. *A família Medeiros*, Júlia Lopes de Almeida
5. *A pele do lobo e outras peças*, Artur Azevedo
6. *Auto da barca do inferno*, Gil Vicente
7. *Bom crioulo*, Adolfo Caminha
8. *Cartas a favor da escravidão*, José de Alencar
9. *Contos e novelas*, Júlia Lopes de Almeida
10. *Crime*, Luiz Gama
11. *Democracia*, Luiz Gama
12. *Direito*, Luiz Gama
13. *Elixir do pajé: poemas de humor, sátira e escatologia*, Bernardo Guimarães
14. *Eu*, Augusto dos Anjos
15. *Farsa de Inês Pereira*, Gil Vicente
16. *Helianto*, Orides Fontela
17. *História da província Santa Cruz*, Gandavo
18. *Iracema*, José de Alencar
19. *Liberdade*, Luiz Gama
20. *Mensagem*, Fernando Pessoa
21. *Meridiano 55*, Flávio de Carvalho
22. *O Ateneu*, Raul Pompeia
23. *O cortiço*, Aluísio Azevedo
24. *O desertor*, Silva Alvarenga
25. *Oração aos moços*, Rui Barbosa
26. *Pai contra mãe e outros contos*, Machado de Assis
27. *Poemas completos de Alberto Caeiro*, Fernando Pessoa
28. *Teatro de êxtase*, Fernando Pessoa
29. *Transposição*, Orides Fontela
30. *Tratado descritivo do Brasil em 1587*, Gabriel Soares de Sousa
31. *Tratados da terra e gente do Brasil*, Fernão Cardim
32. *Utopia Brasil*, Darcy Ribeiro
33. *Índice das coisas mais notáveis*, Antônio Vieira

COLEÇÃO «QUE HORAS SÃO?»

1. *8/1: A rebelião dos manés*, Pedro Fiori Arantes, Fernando Frias e Maria Luiza Meneses
2. *A linguagem fascista*, Carlos Piovezani & Emilio Gentile
3. *A sociedade de controle*, J. Souza; R. Avelino; S. Amadeu (orgs.)
4. *As* big techs *e a guerra total*, Sérgio Amadeu da Silveira
5. *Ativismo digital hoje*, R. Segurado; C. Penteado; S. Amadeu (orgs.)
6. *Crédito à morte*, Anselm Jappe
7. *Descobrindo o Islã no Brasil*, Karla Lima
8. *Desinformação e democracia*, Rosemary Segurado
9. *Dilma Rousseff e o ódio político*, Tales Ab'Sáber
10. *Labirintos do fascismo* (v.I), João Bernardo
11. *Labirintos do fascismo* (v.II), João Bernardo
12. *Labirintos do fascismo* (v.III), João Bernardo
13. *Labirintos do fascismo* (v.IV), João Bernardo
14. *Labirintos do fascismo* (v.V), João Bernardo
15. *Labirintos do fascismo* (v.VI), João Bernardo
16. *Lugar de negro, lugar de branco?*, Douglas Rodrigues Barros
17. *Lulismo, carisma pop e cultura anticrítica*, Tales Ab'Sáber
18. *Machismo, racismo, capitalismo identitário*, Pablo Polese
19. *Michel Temer e o fascismo comum*, Tales Ab'Sáber
20. *O quarto poder: uma outra história*, Paulo Henrique Amorim
21. *Universidade, cidade e cidadania*, Franklin Leopoldo e Silva

COLEÇÃO «MUNDO INDÍGENA»

1. *A folha divina*, Timóteo Verá Tupã Popygua
2. *A mulher que virou tatu*, Eliane Camargo
3. *A terra uma só*, Timóteo Verá Tupã Popygua
4. *A árvore dos cantos*, Pajés Parahiteri
5. *Cantos dos animais primordiais*, Ava Ñomoandyja Atanásio Teixeira
6. *Crônicas de caça e criação*, Uirá Garcia
7. *Círculos de coca e fumaça*, Danilo Paiva Ramos
8. *Nas redes guarani*, Valéria Macedo & Dominique Tilkin-Gallois
9. *Não havia mais homens*, Luciana Storto
10. *O surgimento da noite*, Pajés Parahiteri
11. *O surgimento dos pássaros*, Pajés Parahiteri
12. *Os Aruaques*, Max Schmidt
13. *Os cantos do homem-sombra*, Patience Epps e Danilo Paiva Ramos
14. *Os comedores de terra*, Pajés Parahiteri
15. *Xamanismos ameríndios*, A. Barcelos Neto, L. Pérez Gil & D. Paiva Ramos

COLEÇÃO «ECOPOLÍTICA»

1. *Anarquistas na América do Sul*, E. Passetti, S. Gallo; A. Augusto (orgs.)
2. *Ecopolítica*, E. Passetti; A. Augusto; B. Carneiro; S. Oliveira, T. Rodrigues (orgs.)
3. *Pandemia e anarquia*, E. Passetti; J. da Mata; J. Ferreira (orgs.)

COLEÇÃO «ANARC»

1. *Anarquia pela educação*, Élisée Reclus
2. *Ação direta e outros escritos*, Voltairine de Cleyre
3. *Entre camponeses*, Errico Malatesta
4. *Escritos revolucionários*, Errico Malatesta
5. *História da anarquia (vol. II)*, Max Nettlau
6. *História da anarquia (vol. I)*, Max Nettlau
7. *O indivíduo, a sociedade e o Estado, e outros ensaios*, Emma Goldman
8. *O princípio anarquista e outros ensaios*, Piotr Kropotkin
9. *O princípio do Estado e outros ensaios*, Mikhail Bakunin
10. *Os sovietes traídos pelos bolcheviques*, Rudolf Rocker
11. *Revolução e liberdade: cartas de 1845 a 1875*, Mikhail Bakunin
12. *Sobre anarquismo, sexo e casamento*, Emma Goldman

COLEÇÃO «NARRATIVAS DA ESCRAVIDÃO»

1. *Incidentes da vida de uma escrava*, Harriet Jacobs
2. *Narrativa de William W. Brown, escravo fugitivo*, William Wells Brown
3. *Nascidos na escravidão: depoimentos norte-americanos*, WPA

Adverte-se aos curiosos que se imprimiu este livro em papel Pólen Soft 80, composto em tipologia Swift Neue LT Pro, em 10 pontos, com diversos sofwares livres, entre eles, LuaLaTeXe git.
(v. fe72a44)